Josef Diel **Ein Dach für alle**

Josef Diel

Ein Dach für alle

Von der alten Festhalle zum neuen Konzerthaus

Promo Verlag GmbH, Freiburg

Gestaltung: ebi · Kommunikation und Design GmbH, Freiburg
Repro: Rete GmbH, Freiburg
Druck: Hofmann Druck, Emmendingen
Printed in Germany
ISBN 3-923288-20-4

Inhalt

Vorwort

Die Geschichte des Konzerthauses, das am 26. Juni 1996 eröffnet wurde, beginnt mit der Zerstörung der alten Kultur- und Festhalle im heutigen Stadtgarten am 27. November 1944. Fast einhundert Jahre war die alte Kultur- und Festhalle Zentrum des gesellschaftlichen Lebens für Freiburg und die Region gewesen, bot Platz für Konzerte, Kongresse und Tagungen, für Ausstellungen oder bürgerschaftliche Veranstaltungen.

Seit der Zerstörung der Kultur- und Festhalle sind in Freiburg immer wieder Konzepte städtischer Veranstaltungsräume diskutiert worden. Jedes dieser Projekte, ob sie nun realisiert worden oder planerische Ideen blieben, hat seine eigene Geschichte und war Ausdruck seiner Zeit: Das Stadttheater als Symbol der Gründerzeit, in der Freiburg einen beispiellosen Entwicklungsschub erlebte, die Stadthalle als eines der ersten neuen Projekte des Wiederaufbaues nach den Zerstörungen des II. Weltkrieges, der Karlsbau in den 60er Jahren als neuer städtebaulicher Eckpunkt am nördlichen Rand der Innenstadt und schließlich das Konzerthaus, welches den Impuls zu einer umfassenden und tiefgreifenden Umgestaltung des Bahnhofsbereichs und zur Erweiterung der gewachsenen Innenstadt nach Westen gegeben hat. In diese Reihe gehört auch die Planung zur Überbauung des Bahnhofs.

Dem Autor Oberbaudirektor a.D. Josef Diel gebührt ein herzlicher Dank für die hier vorliegende Publikation. Sie dokumentiert ein wichtiges Kapitel Freiburger Stadtgeschichte: Der Weg Freiburgs von der Blütezeit der frühen Industrialisierung und den erfolgreichen Gründerjahren ins 20. Jahrhundert, von der fast vollständigen Zerstörung des gewachsenen Stadtbildes nach dem Bombenangriff des 27. November 1944 bis zum aufstrebenden Oberzentrum der Regio zwischen Basel, Straßburg und Karlsruhe, wie wir es heute kennen.

Josef Diel ist wie kaum ein anderer mit der historischen Entwicklung und mit dem Projekt des Konzerthauses vertraut. Als Erster Geschäftsführer der Freiburger Stadtbau hat er von Beginn an die Planungen für das Konzerthaus maßgeblich mitgestaltet und die Realisierung des Hauses bis zu seiner Pensionierung im Jahr 1995 mit großem Engagement im Auftrag der Stadt betrieben. Dem Bürgermeisteramt und dem Gemeinderat war Josef Diel ein souveräner und sachverständiger Ratgeber, der mit Herz und Kopf das Projekt vorangebracht hat. Bereits in früheren Jahren ist er als Autor von stadtgeschichtlichen Publikationen – zum Beispiel über die Freiburger Festungsanlagen oder die frühen Bauformen der Stadt anhand der von ihm für die Forschung erschlossenen Keller von Oberlinden – an die Öffentlichkeit getreten. Seine vielseitigen Erfahrungen und sein umfassendes Wissen um die Geschichte der Stadt Freiburg haben Eingang in die vorliegende Publikation gefunden.

Für seine Tätigkeit im kommunalen Dienst als Architekt in führender Position und seine baugeschichtlichen Beiträge gebühren ihm im Namen der Stadt Freiburg und der Freiburger Bürgerschaft Dank und Anerkennung,

Dr. Rolf Böhme
Oberbürgermeister

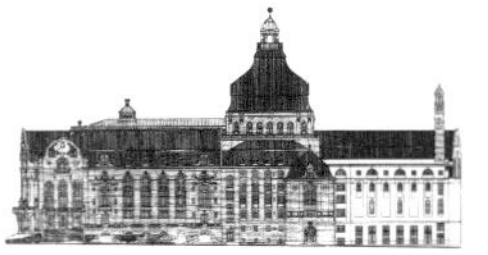

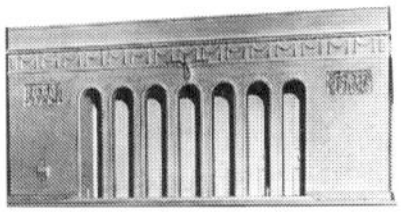

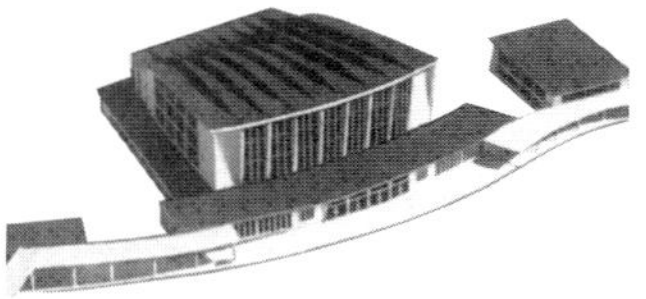

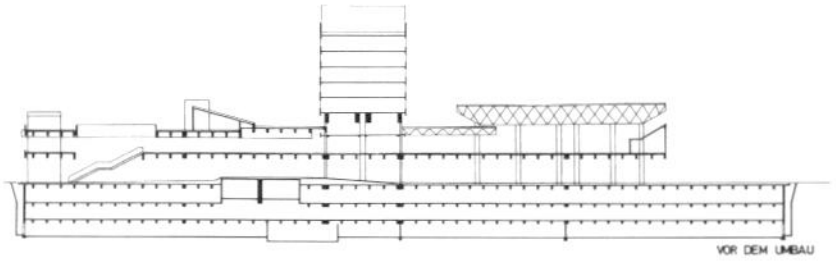
VOR DEM UMBAU

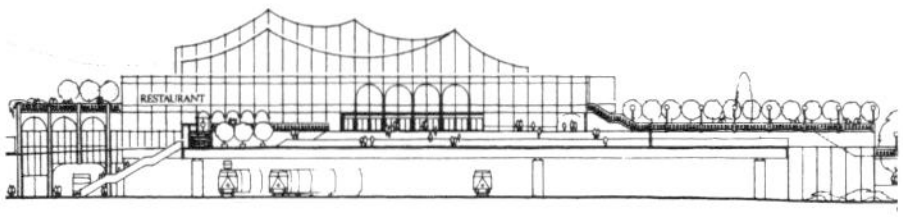
RESTAURANT

Große Veranstaltungsräume in Freiburg

Das Badische Sängerfest 1846 in Freiburg gab vor 150 Jahren Anlaß zum Bau der Festhalle im Stadtgarten. Die Halle für profane Großveranstaltungen, mit weit über 2000 Besuchern, die 1944 im Krieg zerstört wurde, war in ihrer Art das erste Gebäude dieses Typs in Freiburg. Seit dem Festhallenbau sind eine Reihe ähnlicher Häuser, die im kommunalen Bauen einen ganz eigenen Stellenwert besitzen, geplant und teils auch realisiert worden.

Städtische Versammlungsbauten stellen sich die Aufgabe, den Bürgern einen repräsentativen Rahmen für gesellschaftliche Veranstaltungen, wie größere Feste, politische Anlässe oder kulturelle Darbietungen zur Verfügung zu stellen. Unter ökonomischen Gesichtspunkten verbindet sich damit häufig die Überlegung die großvolumigen Räume auch für weitere Nutzungen, wie Ausstellungen und Tagungen anzubieten. Gelingt es, einem Haus diese Erwartungen zu erfüllen, so kann es zu einem beliebten Treffpunkt mit hohem Identifikationswert für die Stadtbevölkerung und zu einer neuen Mitte werden. Deshalb wird in jedem Fall vor der Programmfestlegung eines geeigneten Gebäudes eine Meinungsbildung erfolgen, die die Frage nach der Aufgabenstellung des Projekts für die gegebene Situation, wie auch für die künftige Rolle der Stadt definiert. So gesehen stellen diese Bauten öffentliche Einrichtungen dar, deren Entstehung in einem engen Zusammenhang mit der jeweils aktuellen zeittypischen Politik zu sehen ist.

In der Freiburger Beispielreihe stehen die alte Festhalle für die politische und wirtschaftliche Liberalität der Stadt in der Mitte des 19. Jahrhunderts, das Stadttheater für das Bildungsbürgertum der Jahrhundertwende und die Planung 1938 für den totalitären NS-Staat. Die politischen Rahmenbedingungen nach dem Krieg bieten schließlich die Vorraussetzungen für den Bau der Stadthalle auf dem Meßplatz, der die etwas zaghafte Neuorientierung nach dem Chaos des Zweiten Weltkrieges markiert. Die Zeit der Bonner Republik schließt ab mit drei Projekten, die vor dem Hintergrund des in der zweiten Jahrhunderthälfte erreichten äußeren Wachstums der Stadt und ihrer Region zu sehen sind. Sie versuchen, neue Impulse für die Innenstadtentwicklung auszulösen. Der Karlsbau markiert nach dem zweiten Weltkrieg die Rückbesinnung auf den Eigenwert der wiederaufgebauten Altstadt, das Projekt Bahnüberbauung den Versuch, das Zentrum mit den westlichen Stadtteilen enger zu verknüpfen und das Konzerthaus strebt das Ziel an, durch ein leistungsfähiges Angebot an Begegnungsräumen für Kultur und Tagungen eine Stadtkernerweiterung bis zum Bahnhof zu bewirken.

Es ist sinnvoll, zunächst die Bauten zu betrachten, die einem ähnlichen Zweck dienten und dem Konzerthaus vorangingen. Der bauliche Werdegang dieses neuen Hauses und seine Stellung in der Stadtentwicklung erschließen sich dadurch verständlicher.

Die alte Festhalle im Stadtgarten

max. 5000 Plätze,
Bauherr Stadt Freiburg,
Architekt Friedrich Eisenlohr,
Bauzeit 1846/47 und
1853/54,
Baukosten 30.000 Gulden,
Basis 1847

1

Freiburg muß sich neu orientieren

Im kulturellen, politischen und gesellschaftlichen Leben der Stadt Freiburg hatte die Festhalle ihren festen Platz. Von der Bedeutung und wegen seiner Entstehungszeit in der Mitte des 19. Jahrhunderts spielt dieses Haus eine besondere Rolle in der Geschichte der Stadt. Diese Jahre sind in ganz Deutschland gekennzeichnet von freiheitlich demokratischen Bestrebungen im Bereich der Politik und einer von der Industrialisierung bewirkten allmählichen Besserung der wirtschaftlichen Verhältnisse. Vor diesem Hintergrund postulierte der kämpferische Idealist Gustav Struve die „Zeit des Wohlstands, Bildung, der Freiheit",[1] für die in Freiburg Joseph von Rotteck, der Universitätsverleger Friedrich Wagner und der Unternehmer Eduard Fauler als Freiburger Bürgermeister der Jahrhundertmitte stehen. Baulich fällt der Bau der Festhalle zusammen mit dem Beginn der Verstädterungsphase Freiburgs in der neueren Zeit, deren Ausgangspunkt in Stadtansichten um 1850 deutlich zu erkennen ist. Reduziert auf den Gründungsgrundriß lag Freiburg umgeben von dem sich in der Geländemodellierung noch abzeichnenden gärtnerisch genutzten ehemaligen Glacis, an dessen Westrand der neue Bahnhof angelegt wurde. Der Staat Baden suchte seinen historisch heterogenen Machtbereich durch zwei Großprojekte zusammenzubinden: die Rheinkorrektion und die badische Staatsbahn von Karlsruhe nach Basel. Seitdem war die Ausrichtung der Stadt nicht nach Österreich, sondern zum westlichen Rheintal be-

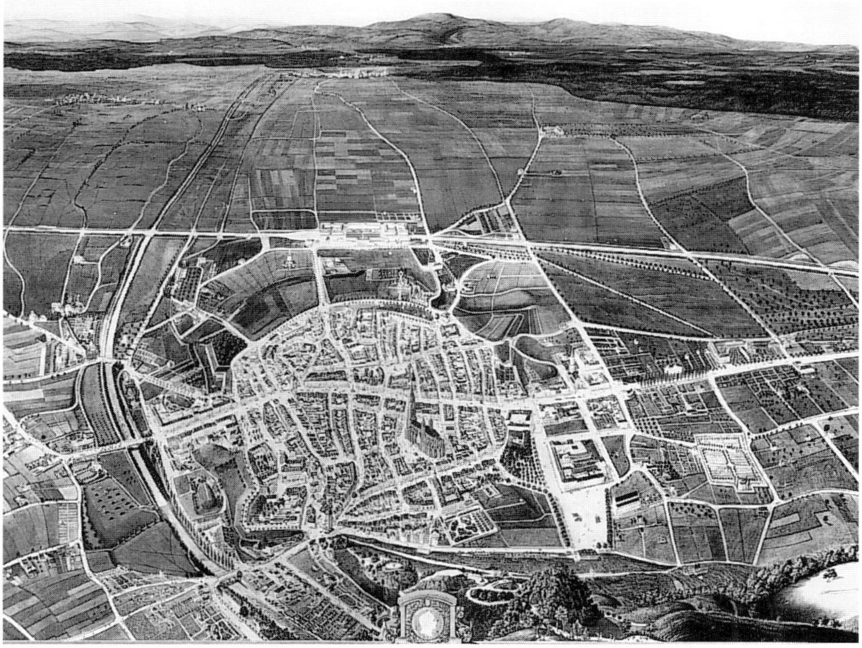

Der Festungsring ist aufgebrochen. Die Stadt kann wieder wachsen. 1852 (Abb. 2)

stimmend. Die Herrschaft ging nicht mehr von Wien, sondern von Karlsruhe aus. Das bedeutete nach der jahrhundertealten Bindung an den habsburgischen Kaiser ein grundlegendes Umdenken und zwangsweise Kontakt zu ehemals fremden Wertvorstellungen. Der elsässische Nachbar war jetzt französisch und der Regent im jungen Karlsruhe protestantisch. So orientiert sich der Wachstumsprozeß in Freiburg mit variierender Gewichtung an zwei Zielen: an der mit der Westrichtung anzustrebenden Öffnung nach außen in die Zukunft und an einer mehr bewahrenden Komponente, vorgegeben im kulturellen Eigenwert der historischen Altstadt, zu der die Bürger naturgemäß eine enge emotionale Bindung hatten. Bahnhof und Münster sind die Pole dieser Entwicklung.

Vielfältige Interessen, lebendige Gesellschaft

In dieser Situation kam der Wunsch nach einer „ständigen Kunsthalle“ statt einer aus „Brettern flüchtig erbauten, mit einigem Flitterwerk behangenen Bude“ auf, wie ein Flugblatt 1846 den Mitbürgern nahelegte.[2] Auslöser war ein Sängerfest mit dem damals üblichen, patriotischen Pathos, wie es in diesem Jahr in Freiburg stattfinden sollte. Aber man dachte bei der Konzeption der Halle nicht nur an künstlerische Darbietungen, sondern auch an weitere Nutzungen, von denen das Haus als bleibende Einrichtung gegen Mietzahlung in Anspruch genommen werden konnte, so an die „Messe“ und das hierbei sprichwörtliche gewordene „Unwetter“, das schon so manchen Jahrmarkt mit seinen provisorischen Zeltbauten verdorben hatte. Zunächst war das Projekt, wie übrigens auch das Bahnprojekt umstritten, setzte sich aber durch, weil es der zunehmenden Liberalisierung und gesellschaftlichen Umstrukturierung ein Forum anbot und damit wesentliche Erfordernisse der Jahrhundertmitte abdecken konnte.

Der Kampf gegen restaurative Tendenzen belebte viele Gruppen mit freiheitlich nationaler Gesinnung, besonders ausgeprägt in den literarischen Gesellschaften und den Sänger- und Turnervereinen, allen voran die Museumsgesellschaft mit 400 Mitgliedern.

Es kündigte sich bereits der Kulturkampf an, in dem die neue Bischofsstadt Freiburg eine besondere Rolle spielte.

Der zunächst feudale badische Staat verstand sich zunehmend konstitutionell mit einem Zweikammersystem und die kommunale Wahlordnung von 1832 führte den großen Ausschuß der Bürger als Organ der Stadtverwaltung ein, der in Freiburg bald 130 Mitglieder zählte.[3]

Es entstand durch die Technisierung ein starker

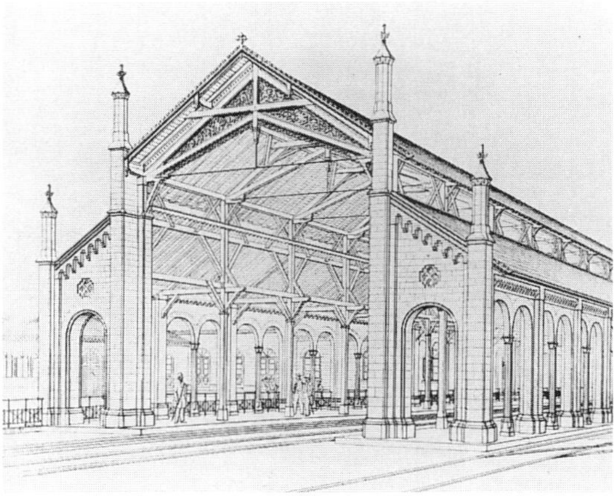

Die „moderne" Freiburger Bahnsteighalle 1845 (Abb. 3)

Der „altehrwürdige" Querhausgiebel des Freiburger Münsters um 1200 (Abb. 4)

Die neue „alte Festhalle". 1854 (Abb. 5)

Schub in der Industrieansiedlung. Er war verbunden mit einem sprunghaften Anstieg der Bevölkerungszuwanderung und begleitet von wachsenden sozialen Spannungen. Die damals entstandenen kirchlichen Gesellenvereine sind Vorläufer der Arbeiterbewegung.[4]

Der gesamte Beschäftigungsbereich strukturierte sich vom handwerklich gewerblichen Milieu zur industriebestimmten Wirtschaft um. 1823 waren die zehn größten Steuerzahler acht Kaufleute und zwei Handwerker. 1864 gehörten nur noch zwei Kaufleute in diese Gruppe, aber fünf Fabrikanten besetzten darin die Spitzenposition.[5] Zum Aufbau eines Marktes wurden für das Gewerbe zusammenhängende Ausstellungsflächen erforderlich.

Bei diesem Prozeß der Gruppenbildungen brauchten die Mitglieder ständigen Kontakt und tendierten zu Veranstaltungen und Öffentlichkeitswirkung. Bürgerversammlungen bis 2000 Teilnehmer waren keine Seltenheit. So bildeten sich um die Jahrhundertmitte aus der Interessenlage der Bevölkerung radikal-liberale, national-liberale, soziale und kirchlich orientierte Gruppierungen, die bis heute Grundelemente der politischen Landschaft darstellen. Daher treten die auch heute noch an das Konzerthaus gestellten Forderungen nach kultureller, bürgerschaftlicher und tagungsbedingter Nutzung schon beim ersten Projekt dieser Größenordnung deutlich zutage.

Offen für das Neue oder festhalten am Alten?

Viele Kräfte der Stadt drängten zu Veranstaltungen in einem geeigneten Gebäude. Wo aber war hierfür der richtige Standort? Die Empfangshalle des Bahnhofs war etwa 1/2 km von der Innenstadt entfernt; ein lockendes Ziel für die Ansiedlung neuer öffentlicher Bauten. Aber Freiburg wuchs zunächst nach Norden und Süden mit attraktiven Vorstädten. Sie waren erschlossen von der alten Hauptachse Kaiser-Joseph-Straße und eng angegliedert an die vorhandene Bausubstanz der Altstadt, die auch neuere Großbauten an sich band. Als Standort der neuen Festhalle wurde eine Fläche am stadtnahen Karlsplatz ausgewählt. Der Bahnhof war nach den Plänen des Karlsruher Architekten Friedrich Eisenlohr errichtet worden, und es ist kein Zufall, daß man ihm auch den Bau der Festhalle übertrug. Aus den geschilderten Zusammenhängen heraus wurde nun die Architektur der Festhalle eine ganz eigene Mischung zwischen der Freiburger Bahnhalle und der Querhausfassade des Münsters, die von ihrer spätromanischen Dynamik in ihrem Ausdruck zu einer verhaltenen klassizistisch-neoromanischen Gleichförmigkeit zurückgeführt wurde. Das Bauwerk repräsentiert die Absicht, Zukunft zu gestalten und gleichzeitig die Freiburger Identität zu wahren.

Besondere Beachtung fand die Oberrheinische Ausstellung 1887 auf dem Areal der alten Festhalle (Abb. 7)

Multifunktionalität, schon als Rohbau

Der Beschluß zum Bau der Halle erfolgte bereits 1845 im Hinblick auf das Sängerfest in Freiburg. Der Bau wurde am 10.6.1846 begonnen, erlitt aber wegen der politischen Unruhen und der Baupreisentwicklung Verzögerungen. Nach dem Richtfest 1847 hielt die 48er Revolution alle Räder an. Der Einfluß des französischen Nachbarn hatte über den Rhein gewirkt und in Südbaden Hoffnung auf Freiheiten geweckt. Das war nicht im Sinne der Karlsruher Regenten, die gegen die badischen Freischärler preußische Truppen zu Hilfe riefen und die revolutionären Ansätze unterdrückten. Der Rohbau diente den Regierungstruppen als Kaserne.[6]

Der Innenraum der alten Festhalle. (Abb. 6)

Erst 1853 konnte geräumt und repariert, nach Umfinanzierungen weitergebaut und die Halle 1854 eröffnet werden. Der Bau war mit 30.000 fl kalkuliert und über die Beurbarungsgesellschaft, einer Gesellschaft mit ähnlicher Aufgabenstellung wie die heutige Freiburger Stadtbau GmbH, finanziert worden.[7] Die Festhalle nahm Bürgerversammlungen und Feste aber auch die verschiedensten Waren- und Tierausstellungen auf. In den 70er und 80er Jahren wurden große Industrie- und Gewerbeausstellungen veranstaltet und die Halle weiter ausgebaut. Sie diente zahlreichen Kunstausstellungen und Musikveranstaltungen etwa den Berliner Philharmonikern unter Furtwängler. Im Jahr ihrer Zerstörung im Bombenangriff 1944 führte in der Halle der noch junge Bachchor unter Professor Theo Egel die Matthäuspassion auf. Egel erinnerte sich noch gut an manche skurrile Details, von denen die beliebte „Festscheune" nach mehreren sicherheits- und hygienebedingten Umbauten einige aufzuweisen hatte, und äußerte einmal schmunzelnd: „Die Festhalle hatte Geschmack gehabt, sie hat aber auch ‚immer e klein's Gschmäckle' gehabt".[8] Die Aussicht, bei der Gestaltung eines Nachfolgebaus mithelfen zu können, veranlaßte Professor Egel 1984, die „Bürgerinitiative für das Konzerthaus" zu begründen.

TROEMERS KONZERTE
Veranstalter: Troemers Universitätsbuchhandlung Eberhard Albert K.-G., Freiburg i. Br., Bertholdstraße 21

Festhalle Mittwoch, den 3. Mai 1939, 20.15 Uhr

Konzert des Berliner Philharmonischen Orchesters

Leitung:
Wilhelm Furtwängler

Solist:
Edwin Fischer

SINFONIE Nr. 1, C-dur, op. 21 . . . . . L. v. Beethoven
Introducione ed Allegro con brio
Andante cantabile con moto
Menuett (Allegro vivace)
Finale (Allegro molto)

PAUSE

SINFONISCHES KONZERT für Klavier und Orchester in h-moll . . . . W. Furtwängler
Schwer
Adagio solenne
Allegro – Allegretto moderato
EDWIN FISCHER

KONZERTFLÜGEL STEINWAY & SONS aus dem MUSIKHAUS RUCKMICH

Das letzte seiner Konzerte in der alten Festhalle leitete Furtwängler 1939 (Abb. 8)

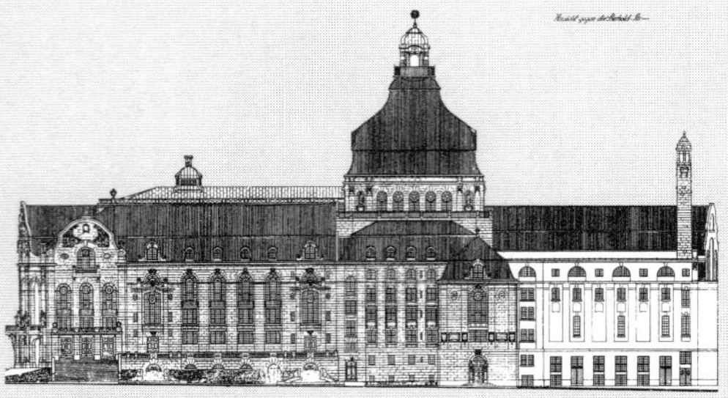

Das Stadttheater

Stadttheater 1133 Reihenplätze,
Bauherr Stadt Freiburg,
Architekt Heinrich Seeling, Berlin,
Bauzeit 1905 bis 1910,
Baukosten 4 Millionen Mark
Basis 1910

2

Der Breisgau gerät in die Ecke

Die Festhalle erfüllte die an sie gestellten Forderungen zufriedenstellend. In der 2. Hälfte des 19. Jahrhunderts knüpften sich aber an einen repräsentativen Mittelpunkt des kulturellen und gesellschaftlichen Lebens Erwartungen, die die Halle am Karlsplatz nicht mehr erfüllen konnte. Diese Veränderung im Selbstverständnis der Stadt hatte politische und wirtschaftliche Hintergründe. Der wichtigste Schrittmacher des Fortschritts war weiterhin die Bahn. In Freiburg fehlte aber zur Nord-Süd-Schiene die Quervernetzung. Mannheim, ebenfalls eine alte Festungsstadt, besaß diesen Vorteil und lief damit Freiburg den Rang ab. Eine elsässische Delegation schlug Napoleon III. 1861 den Bau einer Bahntrasse Paris – Chaumont – Colmar vor, die auf deutscher Seite über Freiburg – Ulm – München nach Wien geführt werden sollte. Diese Linie, von Napoleon begrüßt, wurde aber in Karlsruhe abgeblockt.[1] Die Schiene Paris, Süddeutschland, Wien erschien suspekt, der Zug war längst in Richtung Preußen abgefahren. Der Weg Badens führte über die Unterstützung durch Preußen 1849, das Umschwenken auf die preußische Seite 1866 im Krieg gegen Österreich und die Teilnahme am 1870er Krieg konsequent in das preußisch dominierte Deutsche Reich. Auf der Achse Wien – Paris hatte Freiburg seinen Platz in der Mitte, im Deutschen Reich lag es in der südwestlichen Ecke, und das bedeutete auf die Dauer Isolation. Das in der 1. Jahrhunderthälfte angesiedelte Gewerbe baute sich noch aus, hatte aber etwa 1880 seinen Höhepunkt erreicht. Seit 1882 fiel der Anteil der Industriebeschäftigten ab.[2] Trotzdem wuchs die Stadt weiterhin stark an. Was waren die Ursachen dieser positiven Einwohnerentwicklung?

Muse und Technik

Die zivilisatorisch-kulturelle Situation um die Jahrhundertwende ist ganz generell gekennzeichnet als Epoche, in der die neue Technik mit ungeahnten Angeboten an Kommunikationskomfort und Hygiene die Entwicklung der Großstädte bestimmte.

Das städtische Gaswerk. Funktionaler Industriebau. 1900. Es trug bis zum Ende des 19. Jhdts. die Hauptlast in der Energieversorgung (Abb. 11)

Der Stadtmittelpunkt um die Wende zum 20. Jahrhundert mit Straßenbahnen und aufgestocktem Martinstor. 1904 (Abb. 10)

Die Stadttürme und das Rathaus erhalten zusätzliche Bauteile historisierend angepaßt. 1905 (Abb. 12)

Der Schub neuer Zukunftsmöglichkeiten erschien zwar bedrohlich, wurde aber angenommen, weil er sich nach bewährtem Muster in traditionellen Bauformen eklektizistisch darstellte. Gerade eine Stadt wie Freiburg, die in ihrem Erscheinungsbild von historischen Bauten und einer allgemein sehr geschätzten Landschaft bestimmt war, hatte die Chance durch die Einführung einer neuzeitlichen Ver- und Entsorgung, wie auch entsprechender Verkehrsmittel große Akzeptanz zu erreichen. Das Pendeln der allgemeinen Anschauung zwischen Zukunftsvision und Retardierung kommt beispielhaft in einer Schrift „Freiburg im Frühling 1980“ zum Ausdruck, die von einem Schriftsteller unter dem Decknamen Löhl schon 1890 geschrieben wurde.[3] Der Autor läßt die Stadt durch Stromgewinnung und einen Rheinkanal in Richtung der westlich gelegenen Baulandreserven der Stadt fortschrittlich-technisch aufblühen. Um aber nicht in einer rationalen fremden Funktionalität zu versinken, wird die heimatliche historische Kulisse wegen ihres identitätswahrenden Charakters umso mehr zitiert, ja noch mit Signalwirkung gesteigert. Als Reaktion auf den Ansturm des Neuen und Unfreiburgerischen werden dem schönsten Turm der Christenheit zwei weitere Münstertürme zugesellt. Das durfte so phantasievoll vorgetragen werden. Die Rathauspolitik aber mußte mit ähnlichen

„... das Bedürfnis größerer Bewegungskräfte für die neu entstandenen Fabriken hatten die geniale Unternehmung gezeugt, dem Rheinstrom einen Theil seiner Wasser abzunehmen, denselben in einem Kanal weiterzuleiten .... in Freiburg einen See zu bilden und das Abflußwasser unter stetiger Abgabe von Kraft an Fabriken wiederum dem Rheine zuzuführen, bei Breisach ... (Abb. 13)

... aus der Ferne grüßen uns die majestätisch ragenden drei Thürme des Freiburger Münsters ...; erst vor wenigen Monaten hat der Münsterbauverein .... ein Werk aus der Hand gegeben, zu dem fast zwei Generationen beigetragen haben. (Abb. 14)

Grundmotiven eine realistische inhaltliche und finanzierbare Zielsetzung vorgeben. Die oberrheinische Landschaft, das historische Stadtbild und die Universität waren die Eckpunkte für die Definition der neuen Rolle: die „Pensionärsstadt" für begüterte Privatiers. Die Anlage von Fahrwegen an den Waldhängen, die historisierende Stadtgestaltung aber auch gleichzeitig die Universitätserweiterung und der Ausbau einer modernen technischen Infrastruktur führten zum Erfolg. Zwischen 1870 und 1905 hatte sich die Bevölkerung vor allem durch Wanderungsgewinne verdreifacht. Freiburg stand damals auch finanziell besser da als viele Städte, die allein den gewerblich-industriellen Bereich ausgebaut hatten. Der im Zuzug enthaltene Anteil „wohlhabender Berufsloser" führte zu einem Wachstum des steuerbaren Kapitalvermögens in den letzten 15 Jahren des Jahrhunderts von 50 %.[4] Die enorme Zuwanderung hatte zur Folge, daß nur jeder dritte Einwohner einheimisch war. Dies gab einen wesentlichen Anstoß, um über ein neues Stadttheater als Begegnungsraum nachzudenken, der den Integrationsprozeß der heterogenen Stadtbevölkerung beschleunigen konnte und damit aber auch den bildungsbürgerlichen Anspruch und den Hang zur repräsentierenden Selbstdarstellung der „Gründerzeit" befriedigte. Diese Politik personifizierte sich in dem damaligen Oberbürgermeister Dr. Winterer, in dessen Amtszeit das seinerzeitige Freiburg „modern" ausgebaut und gleichzeitig gerne als die „Schönste Stadt Deutschlands" beschrieben wurde.[5]

Theatertradition im Dienst der Kommunalpolitik

Das Theaterleben in Freiburg hatte sich im Mittelalter aus Laienspielen mit religiösem Inhalt entwickelt, wurde an der Universität gepflegt und im 17. und 18. Jahrhundert von den Jesuiten getragen. Ende des 18. Jahrhunderts entstand im Kornhaus ein eigener Theatersaal, 1823 wurde das säkularisierte Augustinerkloster zum Theater umgebaut. Die Theatersäle waren verpachtet. Erst 1866 wurde ein Betrieb in stadteigener Regie beschlossen.[6] 1887 folgte die Gründung des Philharmonischen Orchesters, das nun im neuen Konzerthaus seine Heimstatt findet. Dr. Winterer übernahm 1896 den Vorsitz in der Theaterkommission des Stadtrats und wandte sich zunächst der finanziellen Planung für das Theaterprojekt zu. Er steigerte den Etat über mehrere Jahre und schaffte damit die Voraussetzung, daß die späteren Finanzierungs-

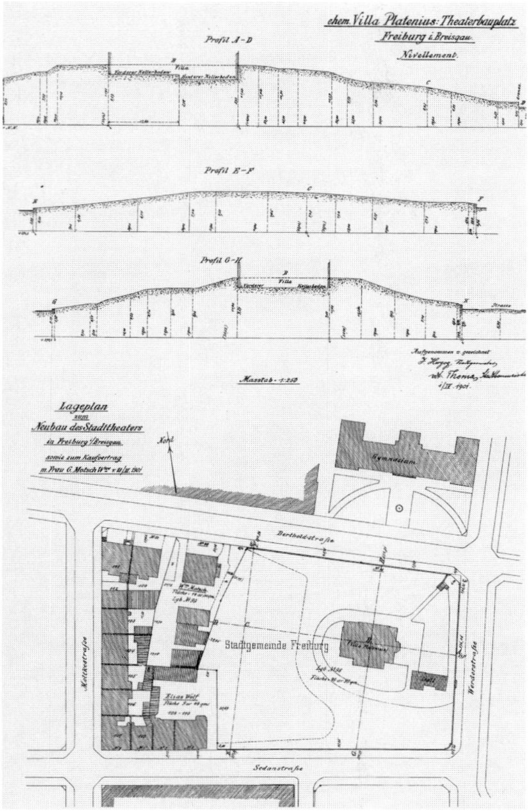

Der Lageplan des Theatergrundstücks. Grundriß und Höhenlage der Villa Platenius auf der ehemaligen vaubanschen Bastion du Dauphin. 1901. Der Standort bietet die Möglichkeit einer stadtbildprägenden Bauausbildung und liegt in Bahnhofsnähe (Abb. 15)

und Betriebskosten aus Haushaltsmitteln gedeckt werden konnten. Die Investitionssumme für das neue Theater wurde ohne Grundstückskosten 1901 mit 2,5 Millionen Mark veranschlagt.[7] Durch Teuerungszuschläge und Grundstückskosten mußte 1904 die Kostenrechnung aktualisiert werden und stand jetzt bei 3,25 Millionen Mark.[8] Als nächste Entscheidung war der Standort festzulegen. Zur Wahl standen drei Bastionshügel der Vaubanfestung: Hochallee, Villa Platenius und Colombi-Schlößchen, sowie zwei Plätze am Karlsplatz.[9] Auch hier erwies sich die starke Bindungskraft des Altstadtbereiches für öffentliche Gebäude. 1880 war die Stadt mit dem neuen Stadtteil Stühlinger über die Bahnstrecke hinausgewachsen, und doch hielten sich alle Standortvorschläge an den Ring. Trotzdem spielte die westliche Bahnlinie, die die Stadt nach außen öffnete, in der Standortfrage für das Stadttheater „wie wir es uns als Zukunftsanstalt vorstellen" eine wesentliche Rolle. Die Entscheidung fiel zugunsten der Villa Platenius, ganz bewußt als eine Lösung „central gelegen und vom Bahnhof nicht allzuweit entfernt". Das Theater wurde „nicht bloß als eine lokale, sondern sogar als eine Landesanstalt" wie „in den Hoftheatern Karlsruhe oder Mannheim" gesehen. Der zweite Vorteil der Villa Platenius war neben dem günstigen Grundstückszuschnitt die gewünschte Hochlage über der Stadt. Die Aufgabenbeschreibung des später durchgeführten Wettbewerbs enthielt als erste Forderung eine Anordnung „in angemessener Höhenlage über den umgebenden Straßen".[10] Die Prägung der Stadtlandschaft mit der herausragenden Theaterkuppel war wohl von Anfang an ein Bauherrenwunsch, den dieser Standort zu erfüllen half.

Der Bau, eine Stilfrage

Die Vorplanung und Projektleitung lag im städtischen Hochbauamt bei Stadtbaumeister Rudolf Thoma, beraten von dem renommierten Theaterarchitekten Heinrich Seeling. Es wurde ein Raumprogramm für 1200 Plätze, 460 im Parkett und 740 in Rängen erarbeitet. Im Mai 1901 beschloß der Bürgerausschuß die Durchführung eines offenen Architektenwettbewerbs mit drei eingeladenen Büros, darunter das Atelier für Architektur Seeling & Seel, Berlin. Aus dem Architektenwettbewerb ging Seeling 1901 als Sieger hervor mit einem Entwurf in italienischer Renaissance. War aber die von weit hergeholte Renaissance für das Freiburger Theater als kommunales Forum der richtige Baustil? Diese Frage veranlaßte die Freiburger Zeitung, in einer ganzen Reihe von Artikeln sich konservativ zur Abwehr der fremden Form für eine Ausführung im gotischen Stil zu engagieren, der die eigene Freiburger Geschichte und Identität viel besser zum Ausdruck bringen sollte. Die Diskussion gewann an Breite und Architekt Heinrich Seeling wurde von der Stadt aufgefordert, die Fassade umzuplanen. Ein anderer Stil mußte als Alternative vorgeschlagen werden, aber auf die Vorstellungen der Zeitung wollte man nicht einschwenken. Das Theater sollte eine eigenständige Form finden. Die Diskussion veranlaßte den Architekten, das Gebäude 1904 im gerade aktuellen Jugendstil umzuformen. In der Ausführungsplanung 1905 wurden nochmals Modifikationen im Fassadenbereich vorgenommen, für die man dann die Formel des „modernisierten Barock" fand. Im November 1905 wurde der Bau begonnen, der Dachstuhl im Herbst 1909 gerichtet, und die Eröffnung fand am

Ein Entwurf in italienischer Renaissance als Gewinner des Wettbewerbs 1901 (Abb. 16)

Montage des eisernen „nur" zweckmäßigen Dachstuhls (Abb. 19)

Ein konkurrierender Entwurf in Freiburger Gotik mit Übergangsformen zum deutschen Renaissancestil (Abb. 17)

Absenkbarer Bühnenboden (Abb. 20)

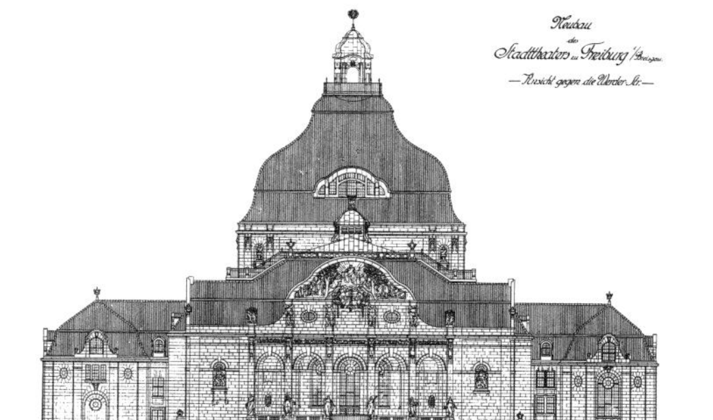

Der vor der Ausführung umgeplante Entwurf des ersten Preisträgers in modernisiertem Barock (Abb. 18)

8. Oktober 1910 statt. Aufgrund zusätzlicher Programmerweiterungen erreichten die Herstellungskosten die Summe von 4 Mio Mark.[11] Trotz des etwas schwierigen Formfindungsprozesses war die Stadt stolz auf ihr neues Theater. Das ehrgeizige Ziel war erreicht. Der Bau war in jeder Hinsicht stadtbestimmend. Ganz bewußt war er zum Bahnhof hin angelegt, dem Tor der Stadt. Es war damit das erste großvolumige, kommunale Gebäude, das sich vom bis dahin nord-südlich gerichteten Wachstum der Stadt löste und sich nach Westen orientierte. Es war aber nicht nur bestimmend für den Grundriß und das Bild der Stadt. Mehr noch, mit voller Absicht und nicht ganz ohne Kritik hervorzurufen, formte es die Stadtsilhouette.

Die Stadt vor dem Theaterbau vom Stühlinger gesehen. 1904 (Abb. 21)

Das Theater hat die Stadtsilhouette verändert. 1909 (Abb. 22)

Der Nebenbuhler des Münsters

Sehr bewußt war ein über die Stadt hinausgehobenes Grundstück ausgewählt worden, um darauf die über 50 m hohe Theaterkuppel zu errichten. Was war vor der Kulisse der vorhandenen Bebauung die Bauidee des neuen Stadttheaters? Eine kompetente Aussage findet sich in der Festschrift des Stadtbau-

Musentempel zwischen Herz-Jesu Kirche und Synagoge (Abb. 23)

meisters Rudolf Thoma zur Eröffnung, die den Neubau feiert und urteilt: „mit seinen gewaltigen Baumassen, ein zweites dominierendes Monumentalgebäude neben dem Münster."[12] Der Bau löste durch sein augenfälliges Volumen und seine Form eine Diskussion aus, die die Breisgauer Zeitung wohlwollend darstellte. „Der Vertikalen des Münsters ist ein Nebenbuhler entstanden, der das Auge neue Linien gehen heißt." Das Münster wurde nicht so sehr gesehen als Zeugnis der Gläubigkeit der Generationen, die diesen Bau hervorgebracht hatten, sondern galt als Dokument mittelalterlicher Geisteshaltung, die nun modern bildungsbürgerlich abgelöst wurde, und man beanspruchte das Recht auf ein eigenes sakrales Zeugnis im Stadtbild. Der barocke „Musentempel" konkuriert mit dem Münster. Die Begriffe werden nur formal benutzt, haben aber einen inhaltlichen Hintergrund und deuten die Richtung der kommenden Jahrzehnte an. Dies muß spürbar gewesen sein, wie der Kommentar der Frankfurter Zeitung über den Theaterneubau erkennen läßt: „Der Helm des Münsters scheint sich schüchtern zu ducken, seit der rotgelbe junge Protz das Stadtbild beherrscht."[13] Trotzdem, diese Stimmen kamen von weit außerhalb. Das Echo im badischen Raum war durchweg positiv und die Bürgerschaft stolz. Die städtischen Bühnen verschafften dem Haus bald auch einen guten Ruf durch ihre darstellerischen Leistungen. Mit der Inbetriebnahme des Hauses ging die Ära Winterer und die „gute alte Zeit" zu Ende. Der 1. Weltkrieg stand bevor, der in die notvollen 20er und 30er Jahre führte. Das stadtwirtschaftliche Konzept, das auf Steuereinnahmen von kapitalanlegenden Privatiers aufgebaut war, ging in der Inflation unter.

Theaterumbau ohne Ende

In den dreißiger Jahren kam es in Freiburg zu zwei Neuerungen im Theaterbetrieb: dem Neubau eines Kammertheaters in der Sedanstraße und 1939 einem Innenumbau des großen Hauses. Die Planungen lagen in der Regie des Stadtbauamtes unter Baudirektor Joseph Schlippe. Den Anstoß zum Umbau des Zuschauerraumes gab ein Gutachten des Architekten Fohr. Er strebte eine Einheit von Bauform, gesellschaftlichem Aufbau und künstlerischem Ablauf an. Gesellschaft und Kunst waren nationalsozialistisch, folglich mußte das Theater umgebaut und von „allem Überflüssigen" befreit werden. In voller Übereinstimmung mit den vom Bauamt in der Innenstadt verfolgten Absichten wurden im Theater die eklektizistischen Architekturelemente der Jahrhundertwende beseitigt und der Innenbereich purifizierend umgestaltet.[14] Im Bombardement der Stadt im November 1944 brannten Großes Haus und Kammertheater völlig aus. Dank der Initiative des Oberbürgermeisters Dr. Hoffmann konnte das Stadttheater schon 1949 behelfsmäßig wiederaufgebaut und am 30.12.1949 neu eröffnet werden. das Bauprogramm wurde sogar um Zusatzbauten erweitert, wie die „Kurbel"-Lichtspiele und die Theaterpassage, von denen man sich finanzielle Hilfe versprach. Weitere Erneuerungs- und Umbauphasen schlossen sich 1962, 1970 und 1973 an. Die alte Kuppel und der Giebel wurden nicht wieder hergestellt.

Städtisches Philharmonisches Orchester und Kongresse im Theater?

Die Kriegszerstörung betraf am Theater vor allem die der Moltkestraße zugelegene „Rückseite" mit dem Hinterbühnenbereich und den Magazinen. Diese Bauteile wurden in der Wiederaufbauphase nicht wiederhergestellt. Die zugehörige Grundstücksfläche wurde eingeebnet und diente als ebenerdiger Parkplatz. Sie rückte bei der Suche nach Alternativen für das Ende der 70er Jahre diskutierte Kultur- und Kongreßzentrum wieder in das Blick-

Das Zeugnis des bildungsbürgerlichen Stadtkonzepts. 1910. Der funktional fortschrittliche Theaterbau, der außen stilistisch zurückgreift und doch im gotischen Freiburg „neue“ barocke Linien zeigt. (Abb. 24)

Das 1944 zerstörte Stadttheater (Abb. 25)

feld. Gerhard Graf, Kulturbürgermeister, setzte sich für den Standort Theater ein, und Architekt Hans Helbling vom Stadtplanungsamt fertigte 1978 einen Testentwurf auf diesem Gelände mit 2045 Reihenplätzen, zwei kleinen Sälen und einer Tiefgarage mit 300 Plätzen.[15] Das Grundstück ließ eine gleichzeitige Hotelansiedlung nicht zu und war mit dem Raumprogramm mehr als ausgelastet, was sich im Raumvolumen und damit in der Akustik auswirken mußte. Diese Alternative schied in der Diskussion um das Kultur- und Kongreßzentrum 1979 aus und machte den Platz für neue Überlegungen frei.

Eine aktuelle Umbauplanung des Stadttheaters

Eine weitere Umbauphase steht dem Theater bevor. Bereits Ende der 80er Jahre wurde vom Kulturbürgermeister Dr. Hans Evers und vom Betriebsrat der Städtischen Bühnen eine Verbesserung

Projektplan zum Wiederaufbau. 1949 (Abb. 26)

Das heutige Gesicht des Theaters zum Europaplatz, der sich zu einem neuen zentralen Begegnungsraum in der Stadt entwickeln wird (Abb. 27)

der räumlichen Arbeitsbedingungen und die Organisation besserer funktionaler Abläufe angestrebt. Ein Gutachten wurde in Auftrag gegeben, das eine Erneuerung der Gesamtkonzeption im Theater als Zielvorgabe hatte. Eine aus dem Gutachten resultierende Investitionssumme von etwa 100 Millionen DM war Auslöser langer Verhandlungen in der Verwaltung und im Gemeinderat. Angestrebt wurde zuerst die Realisierung der wichtigsten Baumaßnahmen in mehreren einzelnen Bauabschnitten, um dadurch den Theaterbetrieb aufrecht erhalten zu können. Aus finanziellen Gründen wurde das gesamte Planungskonzept auf wesentliche Maßnahmen reduziert.

Die Planung wird vom Städtischen Hochbauamt betreut, das anstrebt, einen erweiterten Werkstattbereich und eine verbesserte Hinterbühne zu bauen, Ersatz für die heutige Podiumsbühne zu schaffen, die ausgelagerten Kulissen zurückzuführen und den vorhandenen Zuschauerraum zu renovieren. Bei dieser Gelegenheit soll die Platzzahl verringert und die überalterte Bestuhlung ausgewechselt werden. Die seit der Kriegszerstörung freie Grundstücksfläche an der Moltkestraße wird für diese Maßnahmen nur teilweise benötigt und kann zusammen mit weiteren Flächen entlang der Bertoldstraße zur Deckung des Finanzbedarfs veräußert werden. Für dieses Projekt ist bereits, wohl auch dank der vom Konzerthaus ausgelösten Aktivitäten am Bahnhof, ein Investor gefunden worden, der auf diesem Grundstück innenstadtbezogene, gewerblich genutzte Räume und ein großes Kinocenter schaffen will. Für die Baumaßnahme am Theater, den Anbau des Werkstattgebäudes und der Hinterbühne, werden für den im Jahre 1996 anstehenden Umfang die Baukosten auf 38 Millionen DM geschätzt. Für den Umbau des Kurbel/Kamera-Kinos zu einer Schauspielstätte müssen im Rahmen einer Leasing-Finanzierung weitere 4,5 Millionen DM bereitgestellt werden,

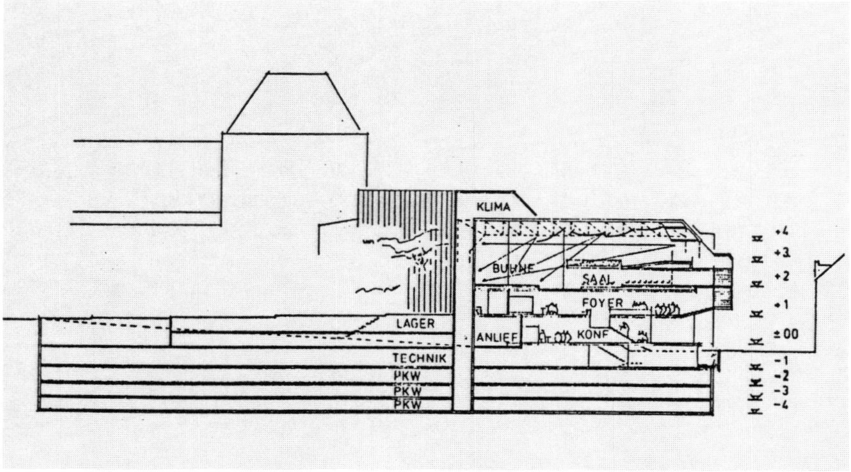

Ein Testentwurf des Stadtplanungsamts schlug für ein neues Kultur- und Kongreßzentrum einen Theaterneubau zur Moltkestraße vor. 1979 (Abb. 28)

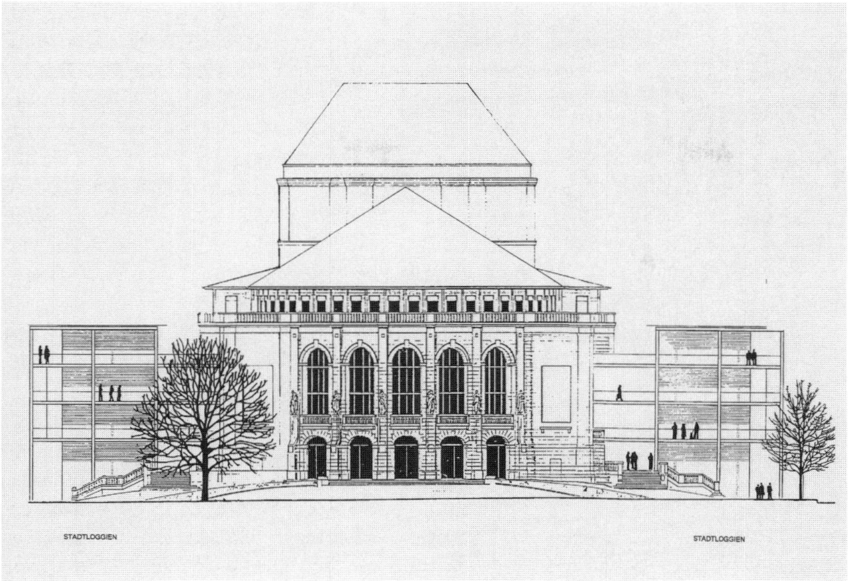

Die verbreiterte Theaterfront zum Europaplatz. Wettbewerbsentwurf Architekt Morlock. 1995 (Abb. 29)

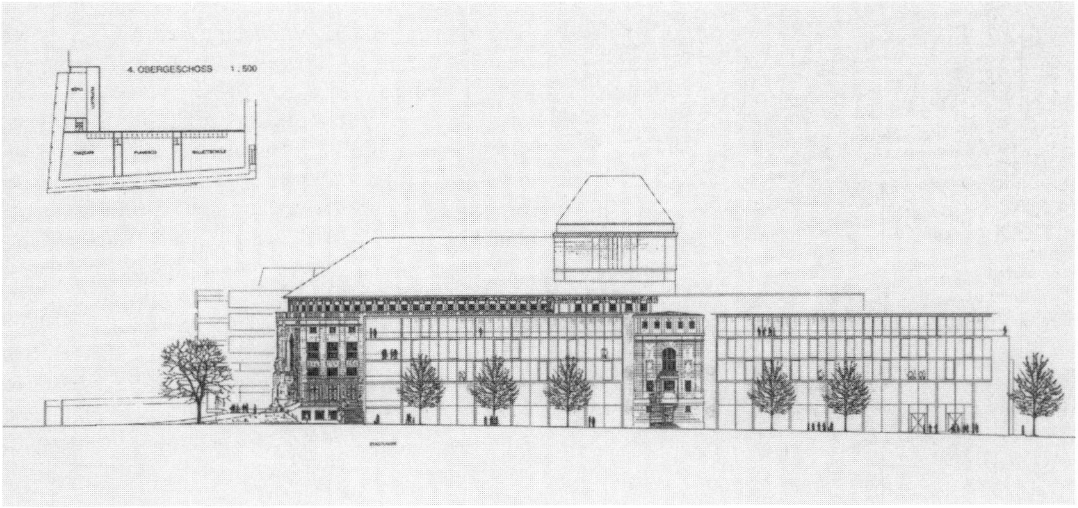

Die Fassadenwirkung der dem Theater vorgestellten Neubauteile von der Bertoldstraße gesehen mit Kollonadenführungen im Erdgeschoß (Abb. 30)

und nochmals 4,5 Millionen DM für die Teilsanierung des Zuschauerraumes.[16] Die Baumaßnahmen der Stadt Freiburg und des privaten Investors sollen ein einheitliches städtebauliches Gesamtbild ergeben. Dafür wurde bereits zur Fassadengestaltung ein Architektenwettbewerb ausgeschrieben, den der Freiburger Architekt Professor Manfred Morlock nach der Preisgerichtsentscheidung vom 5. Juli 1995 gewonnen hat. Die Projekte mit deren Bau bereits begonnen wurde, geben dem Theater vor allem entlang der Bertold- und Moltkestraße eine völlig neue Fassung. In der Bertoldstraße werden die bereits am neuen Konzerthaus beginnenden Kollonaden wieder aufgenommen. Aber auch die Theaterfassade am Rotteckring wird sich von den Giebeln zweier Neubauten flankiert zum Europaplatz, einem der Kernpunkte der künftigen Innenstadtgestaltung, neu darstellen.

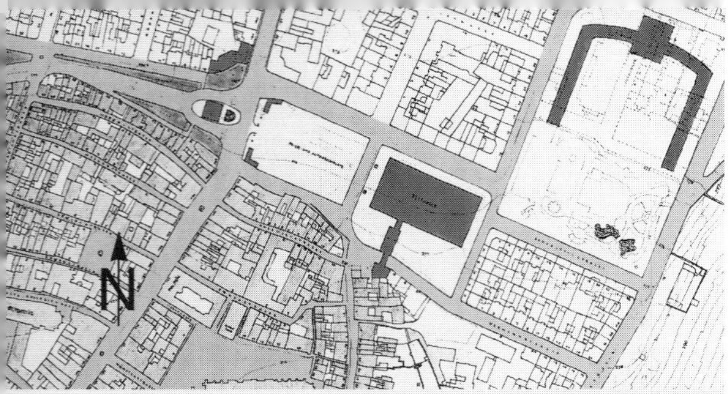

Projekt für politische Massenveranstaltungen und große Konzerte 1938

Großer Saal 5000 Plätze,
Aufmarschplatz 1 ha,
Bauherr Stadt Freiburg,
Entwurf Städtisches Hochbauamt,
Architekt Friedrich Fohr

Kommunalpolitik am Gängelband

Das von seiner Größe und seiner Lage bestimmendste Bauvorhaben für Großveranstaltungen in Freiburg, das aus städtebaulicher Sicht schon sehr konkrete Formen angenommen hatte, war ein Hallenprojekt für Massenveranstaltungen mit Aufmarschplatz auf dem Stadtgarten-Karlsplatzgelände aus dem Jahr 1938. Während des nationalsozialistischen Regimes kann von einem verfassungsmäßig geschützten Gestaltungsraum für kommunale Selbstverwaltung und damit von eigenständiger Kommunalpolitik nicht gesprochen werden, da durch die allgemeine „Gleichschaltung“, auch der Verwaltungsebenen, alle Initiativen von der Berliner Zentrale und der NS Partei kontrolliert wurde. Nach den für die Nationalsozialisten erfolgreichen Reichstagswahlen vom 5. März 1933 begann in Freiburg eine gegen den amtierenden Oberbürgermeister Bender gerichtete Kampagne, die ihn zum Rücktritt aufforderte. Diese Agitation ging gezielt vom „Kampfblatt der Nationalsozialisten Oberbadens“, dem „Allemanne“ aus, der bereits seit 1931 unter der Schriftleitung von Kreisleiter Kerber stand. Nachdem Bender wegen des über Wochen anhaltenden Drucks um seine Demission einkam, wurde Kerber im April 1933 von der badischen Regierung kommissarisch und im Mai 1933 endgültig zum Oberbürgermeister ernannt.[1] Nationalsozialistische „Kulturpflege“ blieb für Kerber auch als Oberbürgermeister ein Schwerpunkt seines Arbeitsfeldes und in seinen Kreisen wurde ihm auf diesem Ge-

3

Die alte Festhalle war für die Bedürfnisse der NS-Zeit mit einem Fassungsvermögen von 2500 Sitzplätzen zu klein (Abb. 32)

biet Kompetenz zugeschrieben. Eine von ihm 1937 in Karlsruhe gehaltene Rede galt im südwestdeutschen Raum als „allgemeingültiges kulturpolitisches Programm für alle Gemeinden".[2] Er selbst beschreibt 1937 seine Auffassung „Auch die Gemeinden sind ... Träger der Kulturpflege. Tatsächlich haben in der Kulturförderung die Gemeinden ... für ihren Wirkungsbereich ... dieselben Aufgaben zu erfüllen, die der Staat ... weltanschaulich ausgerichtet nach Wesen und Willen des Volkes für die Gesamtheit im Großen ausführt".[3] Insoweit wird die populäre Rolle des Mäzens in Anspruch genommen, der sich für einen Ausstellungs- und Musiksaal engagiert und mit Hinweis auf die mehrfach teilrenovierte alte Festhalle eine neue Lösung anstrebt. Der Hinweis auf die Parallelität zur staatlichen Ebene läßt allerdings den Verdacht aufkommen, daß mit der neuen Halle auch massiv Propagandapolitik gemacht werden sollte. Die angesteuerte Saalgröße mußte die Präferenzen zwischen musischer Kultur und nationalsozialistischer Politik sichtbar machen, da die Grenze für Musiksäle bei etwa 2000 Plätzen liegt, für politische Großveranstaltungen der Nazizeit aber 5000 bis 10.000 Plätze erwünscht waren.

Massenveranstaltungen in der alten Festhalle?

Das gesamte Programm sollte wenn möglich in der alten Festhalle durch An- und Umbauten realisiert werden. Die städtische Baukontrolle war beauftragt, die Festhalle auf ihre Kapazität zu prüfen und gegebenenfalls durch Teilrenovierung dem gewünschten Zweck nutzbar zu machen. Das Amt bemühte sich, um nach Kräften das gesteckte Ziel zu erfüllen und legte in einer Untersuchung vom November 1938 die Platzkapazität der Festhalle vor.[4] Danach konnte die Halle 2794 Personen stehend aufnehmen. Mit Bestuhlung hätten 2476 Personen Platz. Dann werden zum Schluß neben den gesetzlichen Grundlagen ganz überraschend neue Beurteilungskriterien herangezogen für „Bestuhlungsweise mit Ausnahmen". Dabei heißt es: „Unter einem Kommando stehende, in soldatischem Geist geschulte und unbedingt gehorchende Verbände werden sich im Zeitpunkt der Gefahr ganz anders verhalten, als eine Masse von Menschen ohne Führung ... Es mag ein Schadensfeuer eine noch so rasche Ausdehnung aufweisen, dennoch wird bei geordnetem Abzug kein Mensch einen Unfall erleiden, wenn anstatt 2794 Personen 5000 anwesend sind." Ein denkwürdiges Untersuchungsergebnis, das aber verrät, daß von Anfang an eigentlich die politische Großveranstaltung angesteuert wurde. Die Argumentation der Baukontrolle scheint aber, was die Halle betrifft, im übrigen Rathaus nicht überzeugt zu haben. In einem späteren Schreiben des städtischen Hochbauamtes wird klar die gewünschte Politfunktion und auch dafür die zu geringe Platzkapazität festgestellt. „Parteiveranstaltungen – 3600 Personen."[5] Es war offensichtlich bereits 1938 im Rathaus klar geworden, daß die alte Festhalle für eine zeitgemäße „Kulturpflege" nicht brauchbar und folglich ein dazu neues Projekt zu entwickeln war. Wo sollte in Freiburg ein stadtbildbestimmender 5000er Saal errichtet werden? Zur Beantwortung dieser Frage erinnerte man sich an ein interessantes Vorprojekt von Professor Gruber.

Ein Thermalbad im Stadtgarten

Karl Gruber, 1914 Leiter des Neubaubüros der klinischen Anstalten, das damals der Stadt angegliedert war, wurde im März 1919 Leiter des städtischen Hochbauamtes und Geschäftsführer der Siedlungsgesellschaft. Diese Position begleitete er bis zur Berufung an die Technische Hochschule Danzig im März 1925, der ab 1932 seine Lehrtätigkeit an der Technischen Hochschule Darmstadt folgte. Karl Gruber verstand sich wesentlich als Städtebauer, und er entwickelte eine Reihe von stadtgestaltenden Projekten, die für die städtebauli-

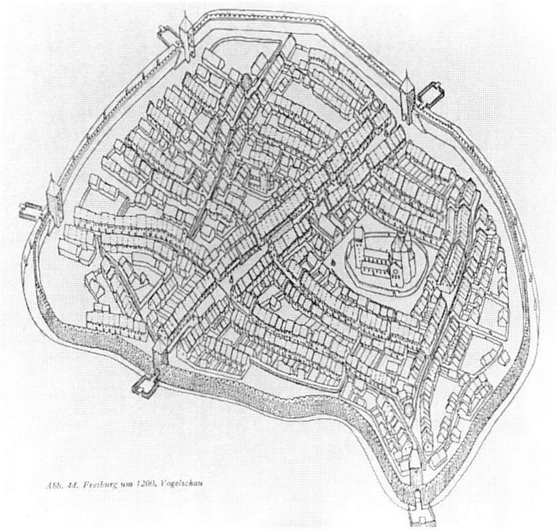

Rekonstruktion des „Gründungsgrundrisses“ der Stadt Freiburg von Karl Gruber (Abb. 33)

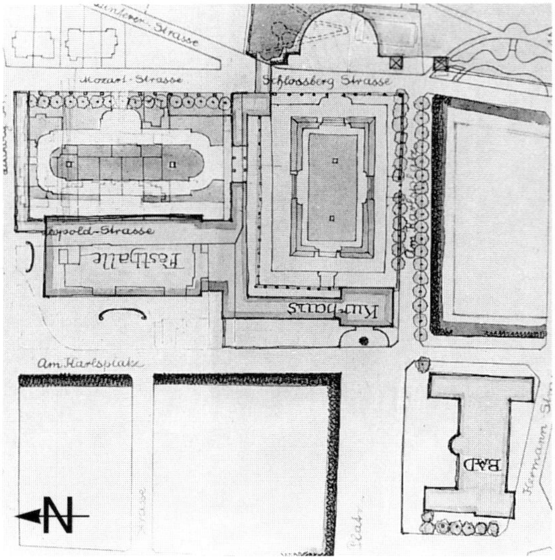

Einbeziehung des Schloßbergs in den Stadtgarten mit Überdeckung der Schloßbergstraße. Ein Thermalbad auf dem Karlsplatz. Eine imposante Planung von Karl Gruber 1924 (Abb. 36)

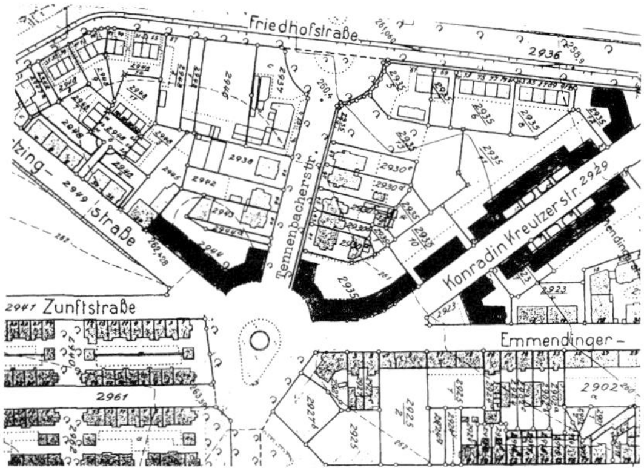

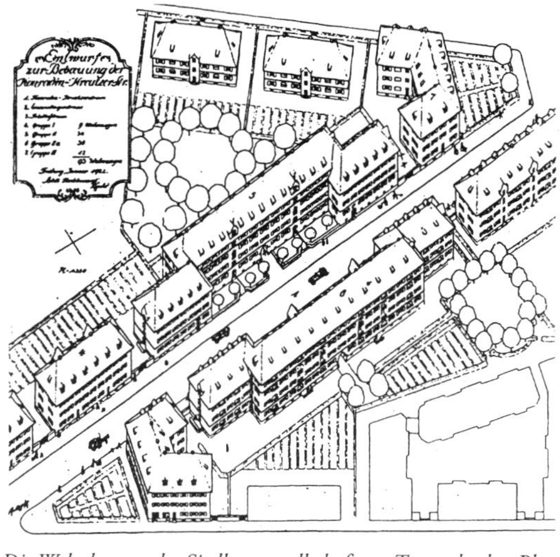

Die Wohnbauten der Siedlungsgesellschaft am Tennenbacher Platz 1927 und der Konradin-Kreutzer-Straße zeigen die Weiterentwicklung vom Stühlinger Straßenraster zur bewußten Gestaltung von Straßenräumen unter Karl Gruber auf (Abb. 34/35)

che Planungen der Stadt bis in die 70er Jahre nachwirkten, zur Zeit der mittellosen 20er Jahre aber meist in den Schubladen verblieben. Sein starkes Interesse als Architekt und Lehrer galt der mittelalterlichen Stadt, und sein Buch „Die Gestalt der deutschen Stadt“ gilt heute noch als ein Standardwerk der Architekturtheorie. Stadtgestaltung bedeutete für ihn insbesondere die Organisation des Bauaußenraums und die Schaffung städtebaulicher Großformen, was bei ihm zu einer gewissen Vorliebe zu barocken Stadtformen führte. [6] Freiburg war um die Jahrhundertwende vom Altstadtkern aus mit klassizistisch gerasterten Baublöcken in Richtung Wiehre, Stühlinger und Herdern gewachsen. Zwischen den Vorstädten und dem Stadtrand klafften noch Ende des ersten Weltkriegs Freiflächen, die nun geordnet bebaut werden sollten. Karl Gruber war der erste und bezeichnenderweise auch gleichzeitig der letzte Stadtplaner, der versuchte die Stadt noch als zusammenhängende Form auszubilden. Die wuchtige barocke Fassung des Tennenbacher Platzes und die davon nach Nordwesten ausstrahlenden Straßen sind eines unter mehreren Beispielen für diese Gestaltungsabsicht.

Freiburg erlebte zwischen den Weltkriegen eine belastende Stagnation seiner Entwicklung. Das Elsaß war wieder französisch, das Grenzland Spannungsgebiet. Die Knopffabrik der Firma Risler wanderte ab. Die Arbeitslosigkeit in Deutschland erreichte 1923 ihren Höchststand. Man besann sich auf die

Inflation – das Stadtbild wird 1923 nicht mehr von Gruber gebaut, sondern auf das Notgeld gezeichnet (Abb. 37)

gegebenen Standortvorteile: Stadtgestalt, Schwarzwald, Universität mit Schwerpunkt Medizin. Das städtische Hochbauamt erhielt nach Anregungen von Professor Alker, Karlsruhe, den Auftrag unter Einbeziehung der alten Festhalle, des Stadtgartens und des Schloßbergs ein Thermalbad mit Kurhaus und Kuranlagen zu untersuchen. Wie man dort zu Thermalwasser kommen wollte, blieb dahingestellt. Karl Gruber legte 1924 seine Planung vor, die kräftig in den Altbestand eingriff und den Abbruch der alten Festhalle, eines Baublocks an der Stelle der Teichanlage im jetzigen Stadtgarten und das Amtsgebäude des Wohnungswesens an der Schloßbergstraße vorsah

Als Neubauten sollten entstehen: ein Bad auf dem Karlsplatz, eine neue Festhalle und ein beide verbindendes Kurhaus. Der Stadtgarten war als große ruhige barocke Rasenanlage gedacht, die über die tiefer gelegte und überbrückte Mozartstraße den Blick von den Bauten auf den terrasierten Schloßberg führte.

Gruber hatte das Pech, in einer Zeit wirtschaftlicher Depression nur wenige Vorhaben verwirklichen zu können. Ein Architektenschicksal voll Ironie: als dem Bauherrn Stadt Freiburg, das Geld kaputtging, mußte Karl Gruber die Bildseite des Notgeldes mit seinen Stadtansichten von Alt-Freiburg gestalten.

In der Erläuterung des Vorschlags der Karlsplatzgestaltung werden als die zwei wesentlichen Zielsetzungen genannt: „der Ausbau des Karlsplatzes als monumentale Achse und die Wiederherstellung der Beziehung zwischen Stadt und Schloßberg.“[7]

An eine Verwirklichung der Planung von Karl Gruber war 1924 nicht zu denken, vielmehr wurden erste Überlegungen über eine gegebenenfalls provisorische Halle auf dem Meßplatz angestellt.[8]

Die Monumentalachse Fahnenbergplatz – Schloßberg

Trotzdem müssen die Gestaltungsziele Monumentalachse und Schloßbergbeziehung plastisch in Erinnerung geblieben sein. Nachdem sich die alte Festhalle für Parteiveranstaltungen nicht durchsetzen ließ, legte bereits 1938 das städtische Hochbauamt einen „Plan unter Berücksichtigung zukünftiger großer Bauplanungen“ vor. Für die Gesamtplanung und Zeichnung unterschrieb Architekt Friedrich Fohr. Die Darstellung integrierte in einen Straßenverkehrsplan die vom neuen Baumtschef Schlippe betriebenen Planungen an der Schloßberg-/Konviktstraße und um das Rathaus in einen Innenstadtplan, enthält aber auch einen neuen Vorschlag für die gewünschte neue „Festhalle“ . Genau an der Stelle des gruberischen Thermalbades war die neue Halle in einer Größe für 5000 Besucher vorgesehen. Um aber die erhoffte Monumentalität zu steigern, wurde der Abbruch der Karls-

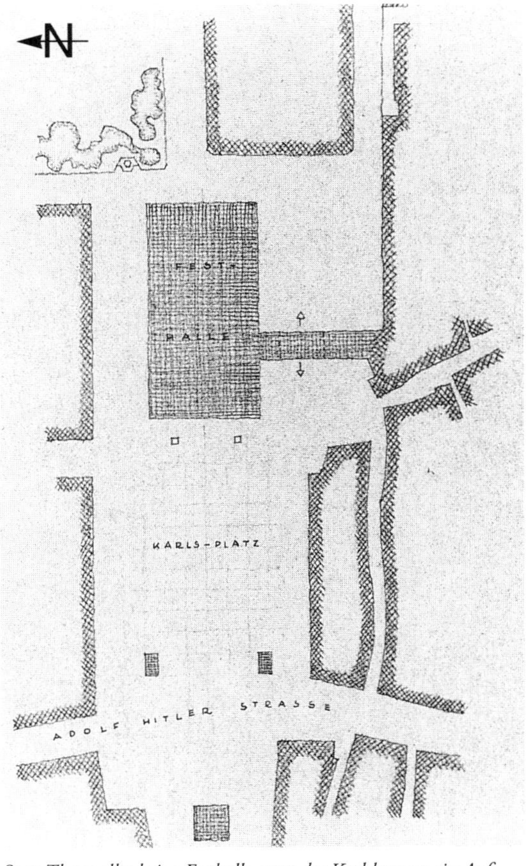

Statt Thermalbad eine Festhalle, statt der Karlskaserne ein Aufmarschplatz, statt Gasthaus Dattler eine NS-Gloriette. Die Umplanung des Grubervorschlags (Abb. 38)

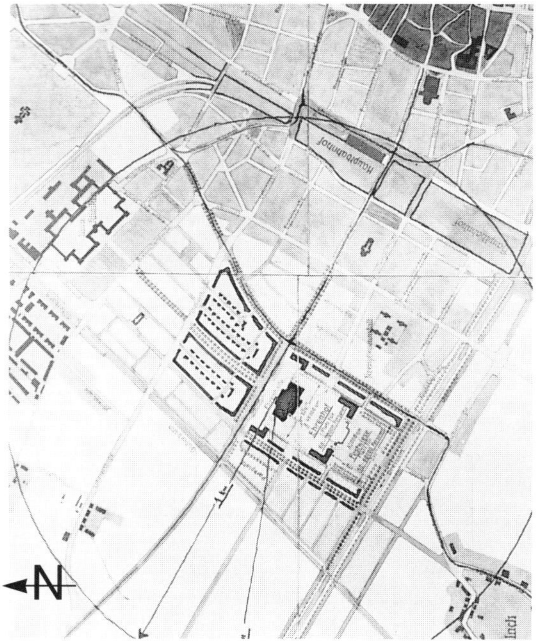

Andere Städte hatten riesige Hallen und Platzanlagen geschaffen. Das Arbeitsbeschaffungsamt sieht 1936 eine Chance für den Bau einer Ehrenhalle mit Ehrenhof westlich des Stadtteil Stühlinger (Abb. 39)

kaserne und auf diesem Gelände ein Feier- und Aufmarschplatz mit flankierenden Eckbesetzungen und Obelisken symmetrisch ausgerichtet auf die Fassade der Festhalle vorgeschlagen. Man wollte in der Achse der Friedrichstraße eine stadtbildbestimmende Anlage entwickeln. Der aus anderen Städten bekannten groben pseudoklassizistischen Eingangsfront der Halle wären Siegesdenkmal und blickbegleitende Hoheitszeichen vorgelagert, dahinter ging der Blick auf den Schloßberg. Der die Planungsüberlegungen erläuternde Bericht des Hochbauamts weist auf die Wichtigkeit der Innenstadtlage für die neue Halle hin, erinnert an den Grubervorschlag und bemerkt „vom Stadtgarten aus sollte der Schloßberg erreichbar sein und bis zum Dattler hinauf zum Stadtgarten hinzugezogen werden. An Stelle des unschönen Dattlers sollte ein glorietteartiger Neubau entstehen." Dem achsialen symmetrischen Prospekt aus der Friedrichstraße ist nun in Gedanken noch auf dem Schloßberg anstelle eines geachteten Restaurants eine Schauarchitektur in Münsterturmhöhe mit Hakenkreuzen und Reichsadler zuzufügen. Das Hochbauamt beklagt bei dem im Gesamtplan von Architekt Fohr dargestellten Lösung vor allem den Abbruch der alten Karlskaserne und geht etwas auf Distanz. Zunächst werden Standortalternativen aufgezeigt. Als eine ganz neue Alternativlösung wird dabei das Gebiet im Stühlinger eingebracht, in dem heute das Berufsschulzentrum liegt. Dort war vom damaligen Arbeitsbeschaffungsamt mit Sinn für das Wünschenswerte eine Ehrenhalle mit Ehrenplatz vorgeschlagen worden. Dieser Vorschlag wurde von Hellmut Phleps im Bauamt 1936 aufgegriffen und weiter bearbeitet, und ist vom Leiter des Bauamts, Schlippe unterschrieben. Es folgt dann eine Wertung verschiedener Varianten am Karlsplatz. Keine der Karlsplatzzeichnungen ist vom Amtschef abgezeichnet. Die Zusammenfassung kommt zu dem Schluß: „Seit der Machtübernahme gewannen sowohl die Massenveranstaltungen, wie auch die Konzerte großen Stils sehr an Bedeutung. Stellt man die großen politischen Massenveranstaltungen in den Vordergrund, so kommt man zu dem Ergebnis, daß eine solche Versammlungshalle nur an der Peripherie der Stadt verwirklicht werden kann."[9] Aber die möglicherweise konkurrierenden Bauabsichten im Hochbauamt kommen weder in Richtung auf die von Schlippe betriebenen Sanierungen oder seine Präferenz für die Standorte „an der Peripherie", noch auf den Hallenneubau mit Aufmarschplatz im Gesamtplan von Fohr zur Entscheidung. 1938 ist der Blick der Machthaber nicht mehr auf die Machtfestigung nach innen, sondern auf den außenpolitischen Konflikt gerich-

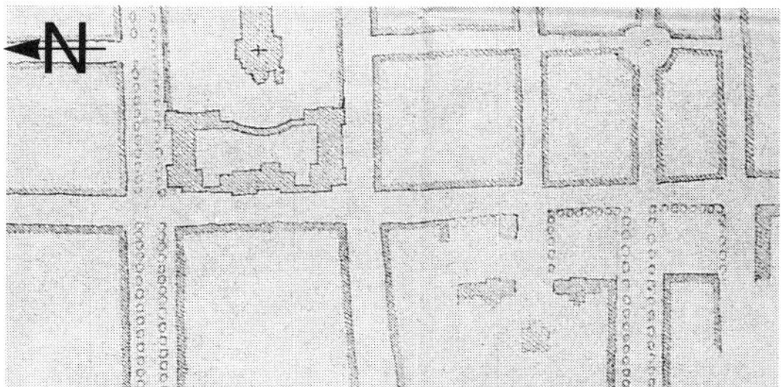

Aus der Initiative des Arbeitsbeschaffungsamts entsteht eine Alternative des Bauamts zur Karlsplatzbebauung: Eine Halle mit viel Freifläche an der Fehrenbachalle 1937 (Abb. 40)

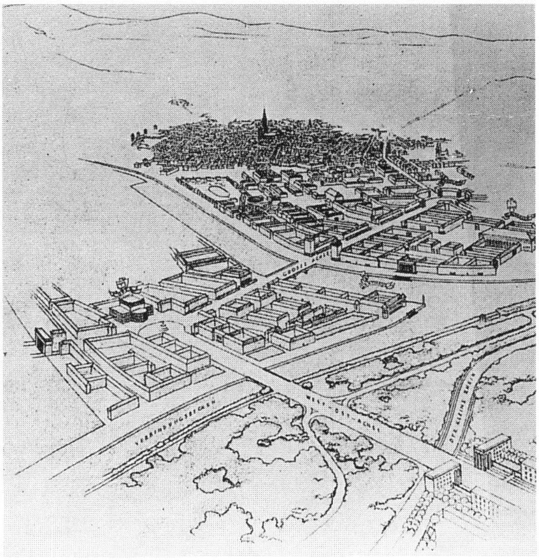

Ein Beitrag zum Architektenwettbewerb von 1942 für das „Neue Straßburg". Vorgegeben war das östliche Erweiterungsgebiet, erschlossen von breiten Straßenachsen, die über eine Veranstaltungshalle und ein Stadttheater zur Rheinbrücke führten. Der Chef des Freiburger Bauamts Schlippe war zum Wettbewerb eingeladen (Abb. 41)

Sein Vorschlag für die „Gauhalle". Die vergleichsweise gemäßigte Portalfront gibt Hinweise auf die mögliche Ausformung des Freiburger Hallenprojekts am Karlsplatz (Abb. 42)

tet. Auf dem Gemeindetag am 15. März 1939 wird mit Nachdruck auf die Ausführungen des späteren Reichsministers Albert Speer in der Zeitschrift „Der Vierteljahresplan" verwiesen und berichtet: „Es sei begreiflich, daß angesichts der großzügigen Ausgestaltung der Städte Berlin, München, Nürnberg und Hamburg auch andere Gemeinden große Bebauungspläne durchführen möchten. Da jedoch andere vordringliche Arbeiten in den nächsten fünf bis acht Jahren durchgeführt werden müßten, verbiete sich die Errichtung großer Repräsentationsbauten in anderen Städten von selbst."[10] Am 1. September 1939 begann Hitler den zweiten Weltkrieg. Wenn Speer mit den Arbeiten in den nächsten fünf bis acht Jahren den Krieg gemeint haben sollte, dann lag er mit seiner Einschätzung durchaus richtig.

Eine pompöse vom Fahnenbergplatz bis auf den Schloßberg reichende Heldenachse quer zur Kaiserstraße, umgetauft in Adolf-Hitler-Straße, blieb Freiburg also erspart. Die alte Festhalle, wie auch das Stadttheater waren aus lokalen politischen Vorstellungen heraus konzipiert worden und die Erbauer bemühten sich, die neuen Gebäude architektonisch und stadtebaulich in vertraute Formen einzugliedern, um so für diese Bauten eine selbstverständlichere Akzeptanz in der Bevölkerung zu erreichen. Es ist bezeichnend, daß sich diese Motive in der monumentalen Planung von 1938 nicht finden. Einen kommunalen eigenständigen Spielraum für eine auf die gemeindliche Ebene bezogene eigenwertige Politik hatte in dem übergestülpten nationalsozialistischen Machtgeflecht keinen Platz. Was von der Gemeinde vor allem erwartet wurde, war die Vermittlung des Bildes einer heilen Heimat. Aber auch dieses Bild zerbrach in den zunehmenden Kriegszerstörungen der Jahre nach 1940. Die Beispiele alte Festhalle und Stadttheater zeigen sehr gut die Leistungsfähigkeit gestaltender Stadtpolitik auf, die neue Aufgabenstellungen formuliert, das Neue in Bauformen umsetzt und nach kommunalpolitischen demokratischen Regeln in ihr Stadtbild einfügt. Dem steht die ganz andere Bauabsicht des Festhallenprojekts 1938 gegenüber. Oberbürgermeister Kerber formulierte 1936 das so: „ ... die Gemeinden haben das ehrenvolle Recht, dem Hoheitsträger der Partei in der Durchführung öffentlicher Veranstaltungen durch Bereitstellung gut gepflegter Gemeinschaftsplätze oder eines würdigen Versammlungsraums an die Hand zu gehen, auch durch die Erstellung von einwandfreien Übertragungsmöglichkeiten des Rundfunks."[11] Das Ziel war kein offener gesellschaftlicher Treffpunkt, kein Raum der Kunst oder freien Kommunikation, sondern eine Anlage für Propaganda und Befehlsempfang ohne einen eigenen inhaltlichen Beitrag der Stadt selbst.

Ein Leitbild der NS-Architektur: Das Märzfeld von Albert Speer. Das Emblem der Diktatur steckt den leeren Platz ab (Abb. 43)

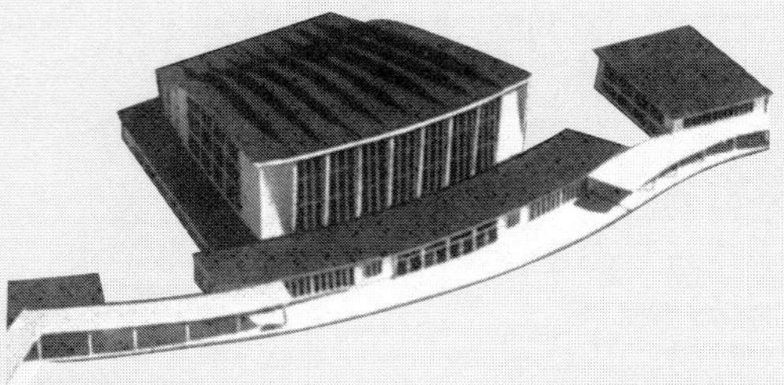

Die Stadthalle

3620 Sitzplätze, 600 Stehplätze. Bei Sportveranstaltungen 2004 Sitzplätze, 800 Stehplätze.
Bauherr Stadt Freiburg.
Entwurf und Statik Dipl.Ing. Albert Maria Lehr.
Bauzeit April 1954 bis Oktober 1954.
Baukosten 2.160.000 DM.

4

Der Krieg ist vorbei

Im November 1944 wurde mit der Bombardierung von Freiburg die Innenstadt, das Generationen überdauernde bauliche Zeugnis der jahrhundertealten Stadtgemeinschaft weitgehend zerstört. Freiburg hatte keine Mitte mehr. Glücklicherweise gab es eine Reihe von Baufachleuten, allen voran den Direktor des städtischen Bauamts Joseph Schlippe, die dem handwerklichen Bauen verpflichtet, den Wert der stehengebliebenen Baudenkmale für das Bewußtsein einer Stadt erkann-

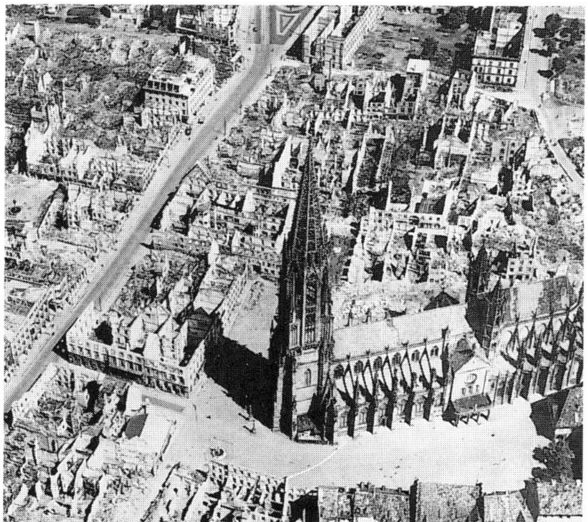

Kriegsende. Gibt es uns noch? (Abb. 45)

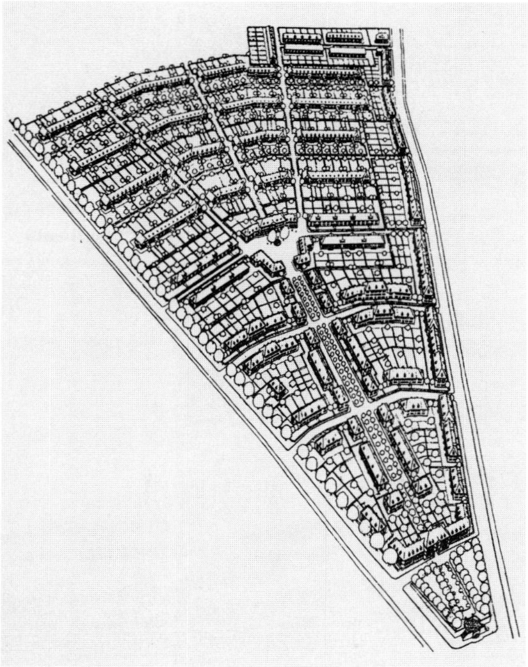

Die Gartenstadtplanung der Siedlungsgesellschaft in Fächerform von Karl Gruber. 1919 (Abb. 46)

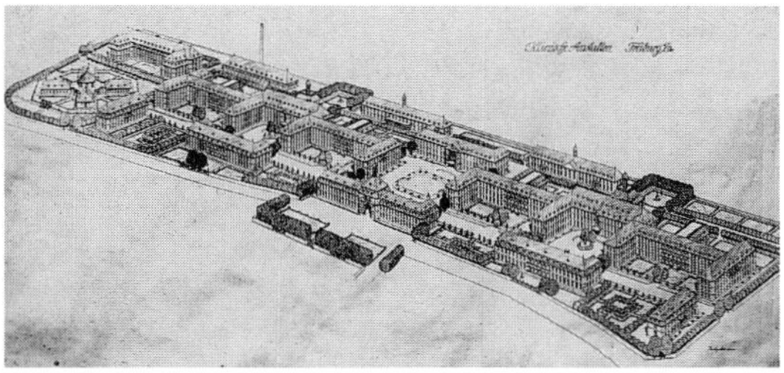

Das Längsband der Kliniken in der Planung von Karl Gruber. 1914 (Abb. 47)

ten und sicherten, um möglichst viel an historisch wertvoller Altsubstanz beim Wiederaufbau in die „neue Altstadt" einzugliedern.[1] Aber das waren Pläne in den Köpfen weniger. Für die Bevölkerung muß die zerstörte Stadt zusätzlich zur physischen Last der Trümmerbeseitigung und des behelfsmäßigen Neuanfangs zunächst ein Gefühl verlorener Identität bedeutet haben. Das war nicht die Situation, aus der heraus mit Initiativen für ein neues zentrales Versammlungshaus zu rechnen war. Aber schon 1946 traten völlig überraschend die französischen Militärs an die Stadt heran und wollten städtische Vorstellungen über eine neue Festhalle kennenlernen. Was war der Hintergrund dieser in der allgemeinen Notlage absurd erscheinenden Idee? Im Frühjahr 1946 fand im Militärgouvernement auf Wunsch des Kommandanten Monteux eine Besprechung statt, auf der der Oberbürgermeister Hoffmann und Baudirektor Schlippe Pläne für einen Festhallenneubau auf dem Meßplatz vortragen sollten.[2]

Vorprojekte auf dem Meßplatz

Auch zu diesen Planvorstellungen gab es ein Vorprojekt von Karl Gruber. Dieser war ein Konstanzer, der sich mit kraftvollem Humor aber auch spitzer Bissigkeit mitteilen konnte. Lockerheit und Schärfe waren ebenso die Merkmale seiner Stadtansichten, und er vermittelte diese Züge auch an seine Studenten beim Skizzieren „nicht so viel fuchteln, gleich treffen" war eine seiner Lehranwei-

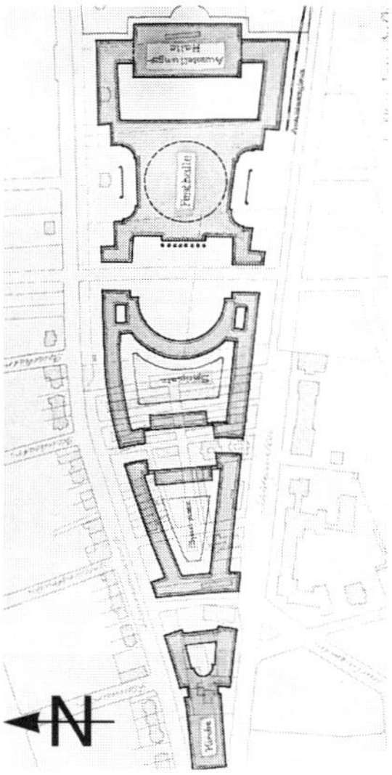

Fächerförmiger Bebauungsvorschlag zwischen Schwarzwaldstraße und Schützenallee mit Fest- und Ausstellungshalle und Neubau der Knopfhäusle von Karl Gruber. 1925 (Abb. 48)

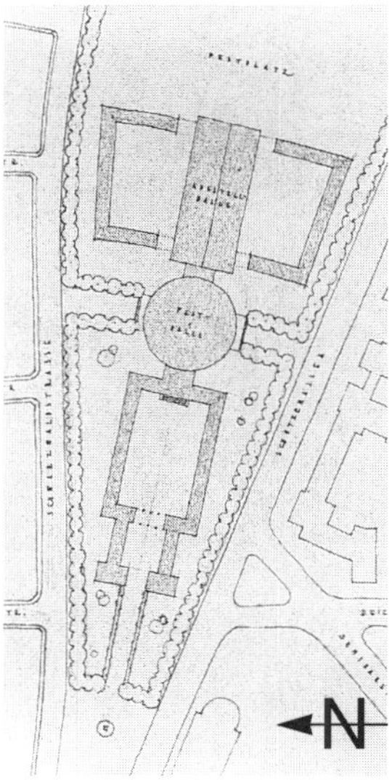

Der von Joseph Schlippe überarbeitete Grubervorschlag. Die Bebauung setzt den Wegfall der Knopfhäusle voraus und läßt das östliche Gelände frei. Es verbleibt der derzeitige Meßplatz (Abb. 49)

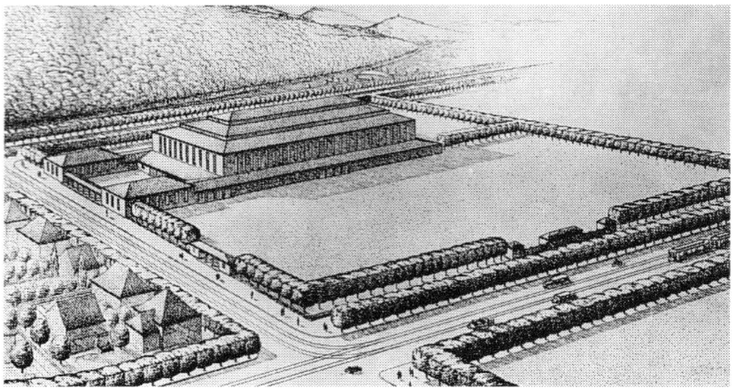

Die Schwarzwaldhalle am Sternwald. Ein Vorschlag von Schlippe auf dem Stadthallengelände des Meßplatzes 1928 (Abb. 50)

sungen.[3] Selbst leidenschaftlicher Zeichner, war für ihn in der Stadtgestaltung das innere Gefüge wichtig, ebenso aber auch die schlüssige Außenform. Er suchte in den zwanziger Jahren die von der Innenstadt entlang den Ausfallstraßen radial nach außen wachsende Stadt in zusammenhängende Siedlungskörper mit klaren innen- und außenräumlichen Konturen zu gliedern. Dabei wandte er mit Vorliebe dem großen, sich nach außen ausspreizenden Stadtorganismus folgend Fächerformen an, die auch heute noch, wie etwa im neuen Stadtteil Rieselfeld, Anwendung finden. Sein Entwurf für die Gartenstadt in Haslach, ähnlich der für die Universitätsklinik, sind Beispiele dieses Formprinzips. So schlug Gruber bereits 1925 für das spitze Dreieck zwischen Schwarzwaldstraße und Schützenallee bis zur Möslestraße eine fast achsialsymmetrische Bebauung vor, die in einer kuppelförmigen Festhalle und einer Ausstellungshalle auf dem hinteren Meßplatz endete. Die Fächerform hat bei einer radial wachsenden Stadt den Vorteil, daß sich ein Baugebiet schon möglichst innenstadtnah mit einem repräsentativen Gebäude am Anfang des Fächers vorstellen kann. Bei diesem Vorschlag hätte sich die Stadthalle in einem sakralen Versammlungshaus wie der Maria-Hilf-Kirche als Kopfbau angekündigt und damit einen sehr nahen Stadtbezug gewonnen. Die Realisierung einer so weitgehenden, mit Abbruch der ehemals Rislerschen Arbeiterhäuser verbundenen Maßnahme war aber 1925 nicht möglich. Trotzdem erhielt das Badische Sängerfest 1929 und der terminlich nachfolgende Katholikentag von der Stadt 1927 die Zusage eines Hallenneubaus.[4] Der Grubervorschlag wurde von Amtsnachfolger Joseph Schlippe aufgegriffen und die Festhalle noch näher zur Stadt angeordnet. Die Maria-Hilf-Kirche die südlich der Schützenallee ihren Platz gefunden hatte, machte Platz für die Mutterbrunnenanlage.[5] In einem zweiten Schritt wurden 1928 von Schlippe verschiedene Entwurfsvarianten für eine ständige Halle auf der nun freigewordenen Ostseite des Platzes vorgeschlagen. Aber man war in Geld- und kam in Zeitnot. Feste Hallen waren nicht mehr zu verwirklichen und der Oberrheinische Beobachter bemerkt 1928 spöttisch: „Hast du im Winter gepfiffen, magst du im Sommer tanzen."[6] Die Stadt stand in der Pflicht ihrer Zusage, und das Bauamt mußte nun in aller Eile ein Leihzelt auf dem Sportgelände östlich der Knopfhäusle errichten. Der Platz wurde ausgekoffert und geschottert, das Straßenbahngleis verlängert. Im südöstlichen Teil des Meßplatzes wurde ein Festzelt von 7000 Quadratmeter Flächengröße für 13.600 Besucher aufgestellt, das 5400 Sängern Platz bot. Dieses Provisorium beherbergte beide Veranstaltungen, die glücklich verliefen. Danach wurde es abgebaut. Aus Sicht der Stadtverwaltung hatte sich der Meßplatz als Standort für Großveranstaltungen bewährt.[7]

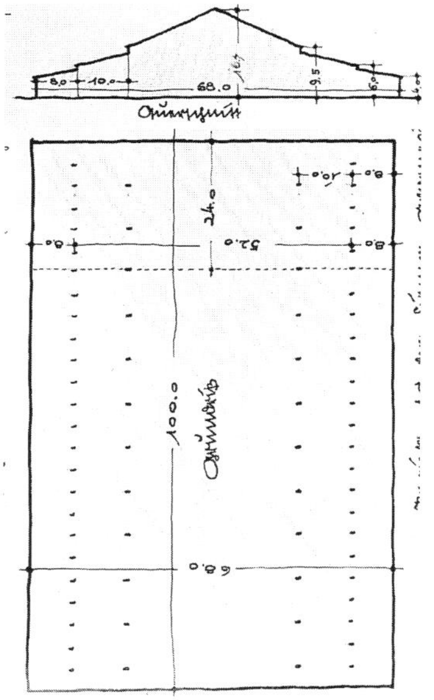

Ein geliehenes Festzelt .... (Abb. 51)

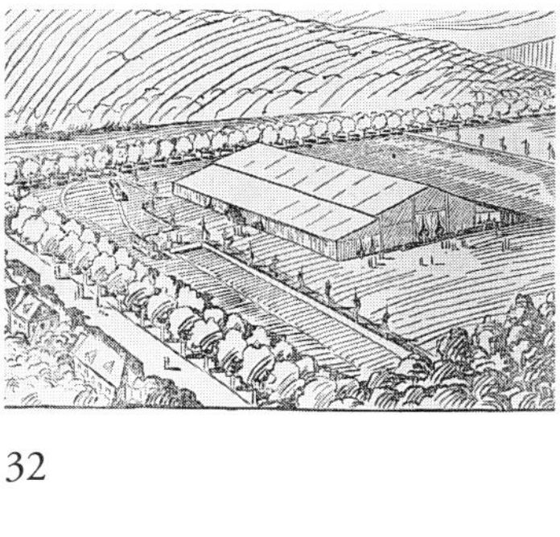

... ist die erste Stadthalle auf dem Meßplatz. 1929 (Abb. 52)

Französische Pläne für Freiburg

Die 1929 erkannten Vorteile des Meßplatzes wurden nun den interessierten Besatzungsstreitkräften in dem Treffen im März 1946 vorgetragen. Der französische Kommandant wunderte sich über die Platzwahl, als ihm die Lage des Meßplatzes im Stadtplan gezeigt wurde, und man verabredete eine Ortsbesichtigung, zu der ein Herr Wohlleb zugeladen werden sollte. Die französischen Absichten wurden klarer, als im Juli der Organisationsleiter der BIGA , der „Badischen Industrie- und Gewerbeausstellung“ Kikisch auf die Stadt zukam, und erklärte, daß nach dem Willen der Zivilverwaltung der Militärregierung, General Laffon, Industrieausstellungen im Gebiet der französisch besetzten Zone in Württemberg und Baden künftig nur noch in Freiburg stattfinden dürften. Hierzu sei ein Hotel mit 300 Betten und eine Ausstellungshalle von 5000 Quadratmetern zu schaffen, die in ausstellungsfreien Zeiten auch anderweitig genutzt werden könne. Die Baumaterialien würden von der Militärregierung zur Verfügung gestellt werden, ohne das städtische Baukontingent zu belasten. Auch eine städtische Baukostenbeteiligung wäre nicht notwendig. Gefordert wurde lediglich ein geeigneter Bauplatz. Die Lage müßte zentral und nicht zu weit vom Bahnhof entfernt sein. Am geeignetsten erschien das Gelände der nun kriegszerstörten alten Festhalle. Kikisch, dessen Name in den Notizen von Bauamtsleiter Schlippe immer mit „ck“ geschrieben wurde, wies daraufhin, daß er bereits einen Architekten an der Hand habe, der in der Lage sei, einen wesentlichen Teil des Vorhabens in den nächsten drei Monaten zu verwirklichen.[8] Aber über die Standortfrage konnte man sich nicht einigen. Die Haltung der Stadt war bestimmt durch die zehn Jahre zurückliegenden Überlegungen, die darauf hinausliefen, Hallennutzungen für Politik und Ausstellungen an die Peripherie zu schieben und im Stadtgarten anknüpfend an die alte Festhalle kulturelle Veranstaltungen unterzubringen. Das Jahr 1947 verging, ohne daß sich die Meinungen näher kamen. Die amerikanische und britische Besatzungszonen schlossen sich zur Bizone zusammen. Frankreich war nicht beigetreten. Die Franzosen hatten eigene Pläne, in denen Freiburg eine zentrale Rolle spielen sollte. Diese Chance wurde aber von der Stadt offenbar nicht erkannt oder nicht gewollt. Die neue Rolle war fremd, fordernd und schließlich hatte 1947 jeder genügend Gründe, zunächst den eigenen privaten Bereich zu ordnen. Dazu kam, daß sich die Bewohner der französischen Zone noch zusätzlich von ihrer Besatzungsmacht mit Kriegsfolgelasten beschwert fühlten, wobei sie allerdings von der Aufnahme der Ostflüchtlinge verschont geblieben waren. Im Februar 1948 schrieb Baubürgermeister Josef Brandel, an den Oberbürgermeister: „Wir berichten nichts Neues, wenn wir feststellen, daß in der Freiburger Bevölkerung zur Zeit kein Problem auf geringere Zustimmung stößt als die BIGA-Ausstellungshalle ... Verwenden wir das ...zugedachte Material und die ... benötigten Arbeitskräfte für unser Stadttheater“[9], und der Chef des Bauamts vermerkte darauf handschriftlich: „meine im gleichen Sinn gehaltene Ausführungen schon vor vielen Wochen im Stadtrat.“ Als dem sehr wendigen Herr Kikisch der Geduldsfaden riß und er ohne Genehmigung im Stadtgarten zu bauen begann, wurde gegen ihn am 15. November 1948 Strafanzeige wegen unerlaubter Bauausführung erstattet und der Bau wurde eingestellt.[10] Die Franzosen griffen nicht ein. Frankreich war aufgrund eigener Probleme auf amerikanische Hilfe angewiesen, Rußland polarisierte sich gegen Amerika und damit die Westmächte. Seit Juni bestand die Berlin-Blockade. Die französische Zone hatte sich im März schon mit

Die nach der Bombenzerstörung freigeräumte Kaiser-Joseph-Straße (Abb. 53)

Eine neue Ecke am Bertoldsbrunnen. 1950 (Abb. 54)

der Bizone zur Trizone zusammengeschlossen. Das separate Interesse Frankreichs an Freiburg ging langsam zurück.[11] Der Herausforderung eine Drehscheibe des Handels und Wandels für die französisch besetzten Teile Badens und Württembergs zu werden und dafür eine Halle geschenkt zu bekommen, mußte man sich nicht länger stellen. Unter großen finanziellen Opfern wurde das Stadttheater neu aufgebaut.

Eine Halle auf eigenen Wunsch für die Schwarzwaldhauptstadt

Mit dem Wiederaufbau des Theaters wurde eine weitere Lücke im Stadtbild geschlossen. Eine Hinwendung zu neuen Aufgaben für das Nachkriegsfreiburg war damit nicht gegeben. Josef Schlippe beschrieb das Selbstverständnis dieser Zeit, ein Jahr vor dem Ende seiner Dienstzeit 1951, in einem Textbeitrag „Wie Freiburg wiedererstehen soll". Er erläutert mit vielen Argumenten seinen Plan und fügt dann an: „Damit ist ... die Frage beantwortet, ob ein Wiederaufbau (von Freiburg) ... an gleicher Stelle in Betracht zu ziehen ist. Trotz des Ausmaßes der Zerstörung handelt es sich im wesentlichen um die Schließung einer furchtbaren Wunde im Herzen der Stadt ..."[12] Als wichtigste Aufgabe der Jahre unmittelbar nach dem Krieg wurde verständlicherweise der Wiederaufbau, das Heilen und Pflegen empfunden, nicht das Vorausdenken.

Geschäftshausneubau in der Kaiserstraße. 1953 (Abb. 55)

Aber irgendwann mußte die Stadt in den sich langsam regenden Wirtschaftswunderjahren auch einmal eine Standortbeschreibung vornehmen und daraus ein kommunalpolitisches Handlungskonzept für die Zukunft ableiten. Diese Initiative ging vom damaligen Oberbürgermeister Dr. Wolfgang Hoffmann aus, der in einem Freiburger Jahresheft seine Überlegungen den Bürgern vortrug. Die Kunstdenkmäler der Stadt, ihre Umgebung mit ihren Erholungsmöglichkeiten präge Freiburg als Kunst- und Fremdenstadt, die Trilogie von Wald, Wein und Gotik wird vorgestellt.[13] Die Kriegs- und Nachkriegszeit mit ihren Schrecken scheinen diese Unternehmung aber noch sehr zu bedrohen. Der Titel des Aufsatzes nennt Freiburg eine „Kunst- und Fremdenstadt auf vorgeschobenem Posten," und der Text über die Zukunft der Stadt endet: „Sie liegt ... nah beim Himmelreich, Gott wird sie behüten." Im Februar 1953 wurden Stadtrat und interessierte Bürger in den Kaufhaussaal zum gleichen Thema: „Freiburg als Fremdenstadt" eingeladen.[14] Das Ziel des Diskussionsabends war, die Bauabsicht für eine neue Kongreßhalle mit Baukosten von 3 Millionen DM vorzustellen, zu der für 1954 schon namhafte Nachfrage in Form eines wissenschaftlichen Kongresses und eines Landesturnfestes nachzuweisen war. Der Stadtrat war mehrheitlich skeptisch. Ein Stadtratsmitglied sprach wohl eine breite Grundstimmung an, als er sich vor die Frage der Grundsatzentscheidung gestellt sah: Soll Freiburg Fremden- oder Industriestadt werden; wie auch immer, die jetzt zu fällende Entscheidung müsse dann konsequent beibehalten werden. Nun war die Versammlung aufgerufen, selbst über die Nutzung einer neuen Halle Vorschläge einzubringen. Es bestanden ganz offensichtlich in der Bevölkerung sehr bestimmte aber ganz verschiedene Vorstellungen über die Zweckbestimmung des Hallenprojekts. So konnten folgende Erwartungen entgegengenommen werden: die Kongreßhalle, die Sporthalle, die Markthalle, die Musikfesthalle. Eine Nennung faßte alles am besten zusammen: die Mehrzweckhalle. Der eben neu ernannte Chef des Bauamts, Hans Geiges hatte nun den Auftrag, für dieses Chamäleon ein eindeutiges Raumprogramm zu entwickeln, jedenfalls die Kosten zu halten oder zu unterschreiten und einen überzeugenden Platz für den Schnittpunkt sämtlicher Freiburger Interessenlagen zu finden. Für die Nutzung der Halle waren genügend Vorschläge auf dem Tisch. Gemeinsam war allem immerhin, daß Stadtrat und Bürgerschaft neue Aufgaben und einen neuen Begegnungsort suchten. Gerade nachdem die Innenstadt belebt werden mußte, wäre ein Platz in der Altstadt die naheliegendste Lösung gewesen. Auch der Oberbürgermeister, sogar das französische Vorprojekt mit der Präferenz für das alte Festhallengelände gingen davon aus. Aber hatte die Innenstadt zuviel an Substanz und Bindungsfähigkeit verloren, lag das Begegnungsforum der Schwarzwaldhauptstadt besser im Schwarzwald? Das Bauamt schlug nach wie vor als Standort den Meßplatz vor, der vom Stadtzentrum aus hinter dem Schloßberg liegt und konnte damit aber offensichtlich überzeugen. Dabei wurde die von Karl Gruber eingebrachte Vorstellung aufgegeben, die davon ausgegangen war, die neue Halle baulich an eine Bebauung Ecke Schwarzwaldstraße/Schützenallee anzubinden und den Meßplatz nach Osten anzuschließen. Durch den Verlust der Anbindung entstand die isolierte Stellung der Stadthalle, die man sich zunächst in Beibehaltung des Grubervorschlags als Kuppelbau vorstellte.[15]

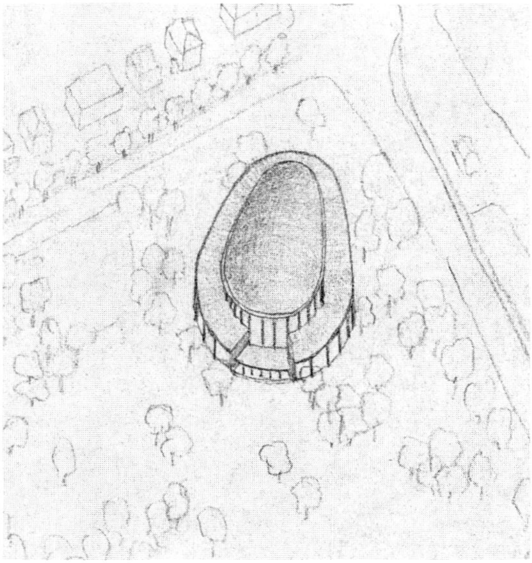

Der Favorit des Bauamts: ein Kuppelbau in seiner etwas isolierten Stellung in der Südostecke des Meßplatzes (Abb. 56)

Ein Ideenwettbewerb soll Klärung bringen

Ohne sich an die Ausführung des Gebäudes binden zu wollen, beschloß der Stadtrat am 2. März 1953 einen Ideenwettbewerb über die „neue Vielzweckhalle" für 4000 Personen, erweiterbar auf 6000 Personen für Kongresse, sportliche und gesellschaftliche Veranstaltungen, Festlichkeiten, Konzerte, Lichtspielvorführungen und Ausstellungen, dazu eine Gaststätte mit Wirtschaftsräumen und Hausmeisterwohnung; drei Millionen Baukosten sollten nicht überschritten werden.[16] Der Wettbewerb stand unter keinem guten Stern. Zunächst sperrte der Bund Deutscher Architekten das Verfahren für seine Mitglieder wegen Verstößen gegen die Grundsätze und Richtlinien des BDA, zog die Sperrung aber nach Verhandlungen wieder zurück. Das Preisgericht war unter anderem mit dem prominenten Professor Paul Bonatz besetzt, auf dessen Hallenbau in Hannover sich schon Karl Gruber bei seinem Meßplatzprojekt bezogen hatte. Natürlich erkannte Bonatz, daß der Inhalt des Füllhorns Freiburger Wünsche unter einem Deckel nicht zu vereinen war. Ein Schreiben an das Bauamt im April 1953 endet: „So geht es nicht. Mit gedämpfter Freude, Ihr ..."[17] Der Stadtrat mußte sich nochmals mit dem jetzt „Stadthalle"

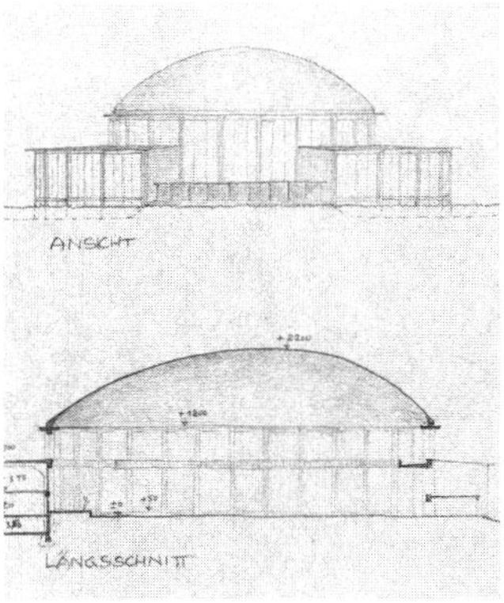

Die eiförmige Kuppel sollte als Holzbau ausgeführt werden (Abb. 57)

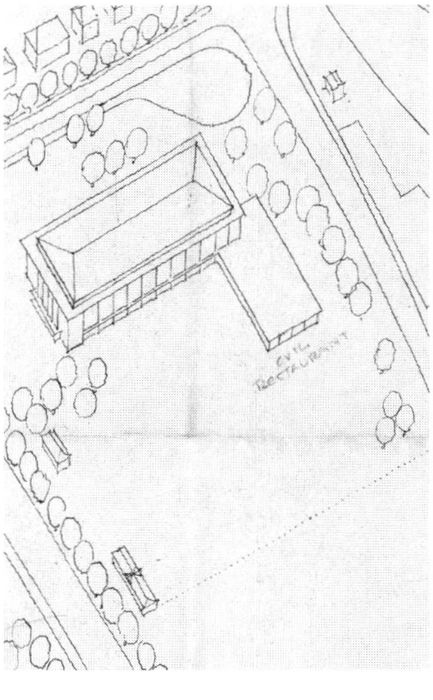

Eine Bauamtsalternative in rechteckiger Form (Abb. 58)

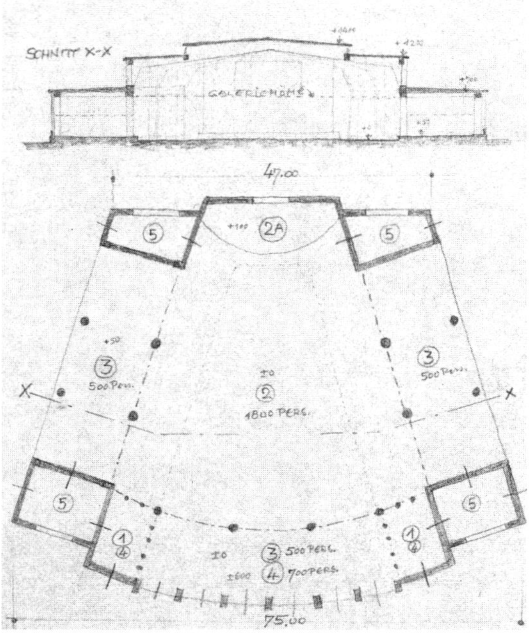

Weitere Bauamtsalternative: die Halle mit trapezförmigem Grundriß (Abb. 59)

genannten Projekt befassen, da in der Bevölkerung die vorgesehenen drei Millionen Baukosten heftig kritisiert wurden, und meinte, man sollte jetzt den Wettbewerb laufen lassen, aber die Halle müßte ohne Programmabstriche auch für fast die Hälfte zu realisieren sein.[18] Am 28. September 1953 trat das Preisgericht zusammen. Es beschloß, daß „keine der eingereichten Arbeiten die schwierigen Bedingungen des Programms erfüllt" hätten und verteilte die Preissumme auf die ersten zehn Arbeiten. Der Wettbewerb war ein Fehlschlag. Das etwas oberlehrerhafte Protokoll führte schließlich zu der Fragestellung: „Was will und kann man in demselben Bau vereinigen?"[19] Mit diesem Rückpaß brachte man die Bauverwaltung in große Bedrängnis. Der neue Stadtplanungschef hatte offenbar den Wettbewerb nicht gut vorbereitet. Statt dienstbar zu werden, zog sich die Juryprominenz in vage Empfehlungen zurück. Der fröhliche Abschiedsbrief an den „lieben Oberbaurat" endet: „Dieser mißratene Wettbewerb möge eine Lehre sein für später. Ich hab's gleich gesagt ... Ihr P. Bonatz, Kto ... bei der Städt. Girokasse."[20] Dem schloß sich ein Schreiben der Architektenkammer an mit: „wie wir vorausgesehen haben ...."[21] Der Vertrauensverlust für die Bauverwaltung war beträchtlich und hätte normalerweise zu einer vernichtenden Kritik in der Öffentlichkeit geführt. Nicht so in diesen Nachkriegsjahren.

Zwei Stadträte und das Planungsamt in Konkurrenz

Zwei Stadträte fühlten sich herausgefordert die Situation zu retten. Dabei waren mit Sicherheit auch eigene persönliche Interessen eingeschlossen, aber das wurde in den pionierhaften 50er Jahren akzeptiert. Stadtrat Albert Maria Lehr als Ingenieur und Stadtrat Josef Lips als Zimmermeister hatten eigene Projekte entwickelt. Diese wurden im Januar 1954 zusammen mit einem Entwurf des Planungsamtes dem Stadtrat vorgestellt. Die Sitzplatzzahlen lagen zwischen 3500 und 3900 Plätzen, die Baukosten bei 1,6 Millionen DM.[22] Die Entwürfe des Stadtrats Lips und des Planungsamts hatten ein rechteckigen Grundriß. Der Entwurf Lehrs war im Vorstadium, angelehnt an die ursprüngliche Vorstellung des Planungsamts, als Rundbau mit Kuppel in Holzbauweise vorgesehen. In der letzlich vorgestellten Lösung baute die Halle auf einem trapezförmigen Grundriß auf. In seiner Sitzung im Februar 1954 entschied sich der Stadtrat für die Verwirklichung des Entwurfs Lehrs.[23] Der Entwerfer äußerte sich selbst später zu dem Ablauf der Urteilsfindung. „Die Teilnehmer am Wettbewerb hatten sich etwa in der Lage eines Instrumentenbauers befunden, von dem man eine Meistergeige erwartet, die gleichzeitig auch als Trommel dienen soll. Meine Überlegungen gingen in anderer Richtung. Will man die Aufgabe ‚Mehrzweckhalle' sinnvoll lösen so wird man zweckmäßigerweise von einem einfachen Grundgedanken ausgehen."[24] Die Empfehlungen des Preisgerichts und der Architektenkammer hatten das wettbewerbsoffene Planungsamt desavouiert, zu einem vergröberten Konzept geführt und entscheidend dazu beigetragen, daß das Gebäude ohne Einschaltung von Architekten realisiert wurde. Mit der ihm eigenen Tatkraft trieb

Dipl. Ing. Lehr entwickelt eine eigene Vorstellung für eine kuppelförmige Halle (Abb. 60)

Die im Stadtrat zur Wahl stehenden Vorschläge von Stadtrat Lehr in Trapezform ... (Abb. 61)

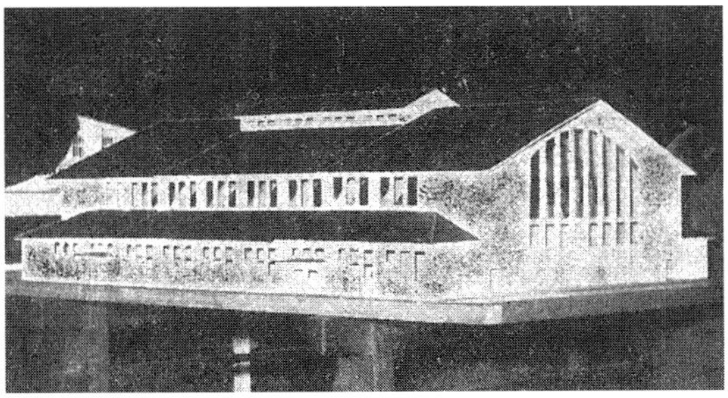

... und von Stadtrat Lips in Rechteckform (Abb. 62)

Dr. Lehr den Bau voran. Ende März 1954 erfolgte der erste Spatenstich. Eröffnet wurde die Halle schon am 12. September 1954.[25]
Das Gebäude wurde in Beton und Stahl ausgeführt und war ein interessanter Beitrag im Baugeschehen der frühen fünfziger Jahre, der auch in der bundesweiten Fachliteratur Beachtung fand. Wegen langjähriger, inzwischen behobener Fehler in der Dachdichtung hieß es unter Freiburgern lange Zeit „die Tropfsteinhöhle". Die Führung liegt bei einer Gesellschaft mit städtischer Beteiligung, der Freiburger Stadthallen und Ausstellungs-GmbH. Das Haus wurde zunächst von der Stadt selbst betrieben, dann aber nach hohen Verlusten langfristig an eine private Betreibergesellschaft verpachtet, an der die Stadt als Minderheitsgesellschaft bis heute beteiligt ist, um Einfluß auf die Nutzung zu nehmen.

Ist die Stadthalle zu einem positiven Begriff und einer akzeptablen Einrichtung geworden? Sind durch sie die von der Stadtpolitik aufgezeigten Gestaltungsmöglichkeiten verwirklicht worden? Die Aufgabendefinition war von Anfang an zu vielseitig, als daß das Haus alle Hoffnungen hätte erfüllen können. Die Vereinfachung auf einen Großraum für alles zu geringsten Kosten hat zusätzlich manchen Nutzungen, wie Sinfoniekonzerten den erforderlichen Hintergrund entzogen, obwohl Ansprüche an die Kultiviertheit von Veranstaltungsräumen zur Bauzeit der Stadthalle auf einem niedrigeren Standard als heute standen. Aber auch das Ziel, eine landes- oder bundesweite Wirkung zu erreichen, gelang nicht recht, und es gibt nur ganz wenige Fachtagungen, die sich an das Haus binden ließen. Das liegt nicht unbedingt am Objekt selbst, wie die Namensgebung vermuten läßt. Drei badische Städte haben etwa zum gleichen Zeitraum ähnliche Vorhaben realisiert: Karlsruhe die Schwarzwaldhalle, Offenburg die Oberrheinhalle und die Schwarzwaldhauptstadt eine „Stadt"halle. So ist durch diese Stadthalle in Freiburg das Rollenverständnis einer für Tagungen Kongresse und Fremde offenen Stadt nicht vertieft und für den Bürger der gewünschte Begegnungsraum nicht erreicht worden. Dazu trägt ganz sicher die isolierte Stellung des Gebäudes auf dem Gelände und mehr noch der innenstadtabseitige Meßplatzstandort selbst bei, den man der Halle zugewiesen hatte, als die Innenstadt noch vom Krieg her eine „offene Wunde" war.

Die Stadthalle zum Richtfest. 1954. Eine interessante Konstruktion für einen nicht ausdiskutierten Vielzweck als Inhalt (Abb. 63)

Der Bau wird in Rekordzeit fertiggestellt (Abb. 64)

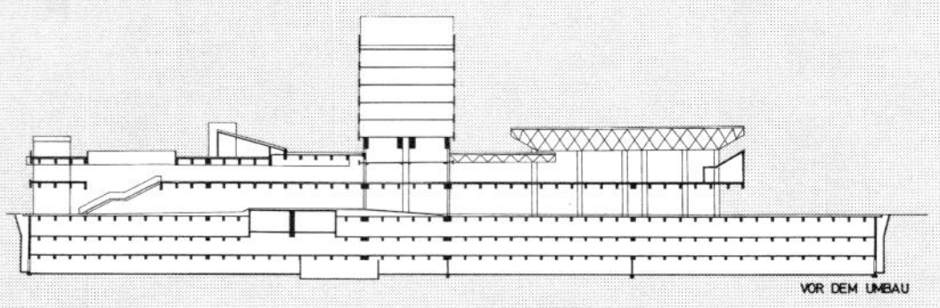

Der Karlsbau

Kongreßsaal 750 Reihenplätze, Ladenzentrum 750qm, Hotel 118 Zimmer, Tiefgarage 720 PKW Stellplätze, Bauherr Rhein-Main Parkgaragen GmbH,
Architekt K. Klimmer Mannheim,
Bauzeit 1967 bis 1970,
Baukosten 19 Mio DM, Basis 1969

5

Die Innenstadt kommt wieder in den Blick

Die Bombenzerstörung der Stadt hatte die Bürger zu einem Exodus in das Umland veranlaßt, von dem sie zwar bald wieder in ihre notdürftig reparierten Häuser zurückkehrten, aber zusammenrücken mußten: ungefähr 1/5 aller Wohnungen waren zerstört. Zusätzlich hatte die Stadt bald nach dem Krieg schon wieder hohe Wanderungsgewinne, der Wohnungsbau aber verlief schleppend.[1] Eugen Keidel versprach als Kandidat im Oberbürgermeisterwahlkampf 1962 Abhilfe. Er wurde gewählt und löste das Wohnungsproblem tatkräftig mit zwei Trabantensiedlungen für Sozialwohnungen im westlichen Stadtgebiet, deren Realisierung er mit mehreren Bauträgern, schwerpunktmäßig mit der stadteigenen Siedlungsgesellschaft und der Neuen Heimat in Weingarten und Landwasser bereits 1963 anging. Diese Entscheidung hatte Konsequenzen, die zunächst nur statistisch gesehen wurden: Der Bevölkerungsschwerpunkt der Stadt wanderte vom Bertoldsbrunnen zum Bahnhof. Aber das war nur die halbe Wahrheit. Räumliche Plazierungen haben ihre eigene Psychologie. Der hochgeschossige Wohnungsbau zog die Aufmerksamkeit auf sich, und der Westen gewann mit dem Bezug der Wohnungen im Stadtrat an Gewicht. Die Stadträte der neuen Stadtteile saßen im Rathaus mit am Tisch und sorgten in den Folgejahren für einen den alten Gebieten gleichwertigen infrastrukturellen Ausbau an kulturellen Einrichtungen. Der Westen begann attraktiv zu werden. Ein zweiter Effekt ergab sich aus dem Umbau der soziologischen Schichtung der Stadt. Es waren von den Belegungsbedingungen her untere Einkommensgruppen, die in den Sozialwohnungen der neuen Stadtteile ein Heim fanden.[2] Mit Freude zog man in die hygienisch modernen Hochhäuser und machte die alten überbelegten Quartiere frei. Es entstand in der Sozialgliederung der Stadt ein „Ost-West-Gefälle", durch das die Stadtbevölkerung auseinander zu driften drohte. Zum bewußten Erleben der städtischen Gemeinsamkeit war der naheliegende Begegnungsraum die alte Stadtmitte; hier war vorgesorgt worden. Der Promotor der baulichen Entwicklung war Bürgermeister Zens, der bereits Mitte der 60er Jahre mit seinen Ämtern, vorrangig dem Tiefbauamt, eine Innenstadtkonzeption rein für Fußgänger, umgeben von einem Verkehrsring mit Parkhäusern, entwickelt hatte.[3] Die Planung sollte die Innenstadt für das Einkaufen aber auch für das Wohnen in zentralen Althausquartieren attraktiv machen. Ein Baustein dieser Politik war die Neubebauung am Karlsplatz.

Eine nicht ganz neue Idee, der Versammlungsraum am Karlsplatz

Die isolierte Lage der Stadthalle und die Kargheit ihres Raumangebots hatten sie trotz mancher prominenten Veranstaltung nie die wirtschaftliche und kulturelle Stellung einnehmen lassen, die sich die Stadt erwartet hatte. Ende der 60er Jahre suchte man nach neuen Lösungen. Das städtische Grundstück Karlsplatz war nach dem Thermalbadprojekt von 1925 und der Hallenplanung von 1938 in der Nachkriegszeit für das Technische Rathaus und eine Tiefgarage vorgesehen. Diese Absicht wurde für den Versammlungsbau „Karlshof", einem privaten Investment mit städtischem Zuschuß aufgegeben, und man schloß 1966 mit der Rhein-Main-Parkgaragen GmbH einen Erbbauvertrag über den Karlsbau ab. Er sah vor: einen großen Fest- und Kongreßsaal mit 750 Reihenplätzen, einen kleinen Saal mit 160 Reihenplätzen, dazu Hotelbau, Ladenzentrum und Tiefgarage. Auf den verbleibenden Teil des Karlsplatzes konnte für touristische Besucher der Stadt ein Busparkplatz angelegt werden. Die Stadt bezuschußte den großen Saal mit 2,15 Millionen DM, dafür stand ihr das Recht auf 20 Benutzungstage zu. Der große Saal sollte an hundert Veranstaltungstagen für Tagungen genutzt werden und kostete 3,2 Millionen DM. Die Stadt hatte mit ihrem Zuschuß von dieser Investition also 2/3

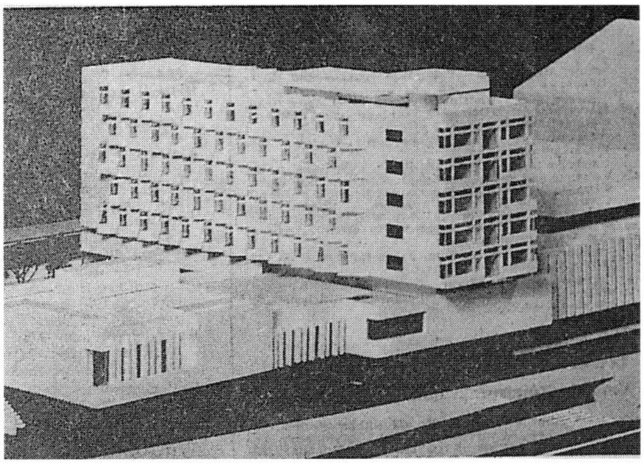

Das Modell für den neuen „Karlshof". 1967. Heute allgemein Karlsbau genannt (Abb. 66)

getragen, aber nur für zwanzig Tage im Jahr stand ihr der Raum zur Verfügung. Über diesen Anteil und die Serviceleistungen kam es zu Diskussionen, die bis in den Gemeinderat geführt wurden.[4] Der Bau wurde 1967 begonnen und galt damals als Freiburgs größte Baustelle.[5] Er war unterfinanziert und kam in eine Zeit größerer Baupreissteigerungen, die zu mehrfachen Nachverhandlungen über die Zuschußhöhe der Stadt und zu Umplanungen führte.[6] 1970 konnte der Gesamtkomplex in Betrieb genommen werden.[7] Wegen des kubischen Hoteltraktes und des ursprünglich hohen Sichtbetonanteils an den Fassaden erhielt er von den Freiburgern den Namen „Karlsklotz". Von dem gesamten Karlsbaukomplex war die Garage als erstes in Betrieb gegangen. Das neugebaute Kaufhaus Hertie, das sich an diesem Parkhaus beteiligt hatte, zog

Die Wiederentdeckung der Erlebniswelt Innenstadt. Untersuchungen von Blick- und Wegbeziehungen für den Karlsbau von Architekt Hecker (Abb. 67)

Neue Pläne am altbewährten Standplatz für ein Kuppeldach von Architekt Hecker (Abb. 68)

damit über die Hintertür die Kunden als Fußgänger in sein Haus und somit in die Kaiser-Joseph-Straße. Es war der Beginn der innerstädtischen Fußgängerzone. Mit Überlegungen einer autofreien Innenstadt trafen der Bürgermeister für das Bauwesen, Hermann Zens, und der Bürgermeister für das Ordnungswesen, Berthold Kiefer, zunächst auf beinharten Widerstand; beide wurden in der Presse angegriffen und lächerlich gemacht. Aber die Phantasten waren die besseren Realisten und setzten mit Garagenbauten und Straßenumwidmungen ab 1969 ihr Konzept in kleinen Abschnitten durch. Der Oberbürgermeister spürte den Umschwung in der Bevölkerung und ließ 1970 das 850jährige Stadtjubiläum als Stadtfest organisieren. Was kaum zu hoffen war, geschah: Die Bewohner der neuen Baugebiete hatten ihre Bindung an die Innenstadt nicht verloren, das Fest wurde von den Bürgern vorbehaltlos gefeiert und die Altstadt als die tradierte vielfältige Kulisse der gemeinsamen Kultur angenommen. Der Hoffnungsträger Karlsbau konnte aber von dieser Aufwertung seines Umfelds nicht profitieren. Je mehr die Stadt ihren baugeschichtlichen Reichtum in seiner unmittelbaren Nachbarschaft neu erschloß, desto bestimmender kam sein kantiges, modernistisches Profil in den Blick und belastete den neuen Versuch, einen auf bürgerschaftliche Kommunikation, wie auch einen auf Kongresse und Tourismus aufbauenden Wirtschaftszweig positiv zu vermitteln. Das Haus wechselte 1977 seinen Besitzer; nicht zum erstenmal. Der neue Hausherr beauftragte den Freiburger Architekten Hecker mit einer Untersuchung über qualifizierte Erweiterungsmöglichkeiten. Im Hintergrund stand die Überlegung die Stadt, deren Mangel an einem großen repräsentativen Veranstaltungsraum nach wie vor evident war, an den neuen Nutzungsmöglichkeiten und den Umbaukosten zu beteiligen. Der interessante Entwurf vergrößerte den vorhandenen Saal um ca. 8,0 Meter nach Osten und basierte auf einem Raumprogramm mit einem großen Saal von 1800 Reihenplätzen, einem kleinen Saal von 600 Reihenplätzen, 9 Konferenzsälen von 60–300 Quadratmeter und einem breiten Nebenraumangebot.[8] Ein Abschluß der Stadt mit dem Eigentümer kam aber nicht zustande. Einen geringfügigen Umbau erlebte der Karlsbau zuletzt 1991. Nachdem der Mangel an Tagungsräumen immer deutlicher wurde, Kongresse fanden sogar in einem Zelt vor der Universität statt, sah man in der kleinen Renovierung des zentral gelegenen Karlsbaus eine Möglichkeit, zumindest kleine Tagungen besser zu bedienen. Die Freiburg Wirtschaft und Touristik-Gesellschaft, die „FWT“, mietete den Veranstaltungsteil an, trennte ihn vom Hotelbetrieb und konnte, nachdem der Eigentümer das Haus funktioneller gestaltet hatte, die Nutzung des Tagungshauses stark ausweiten.

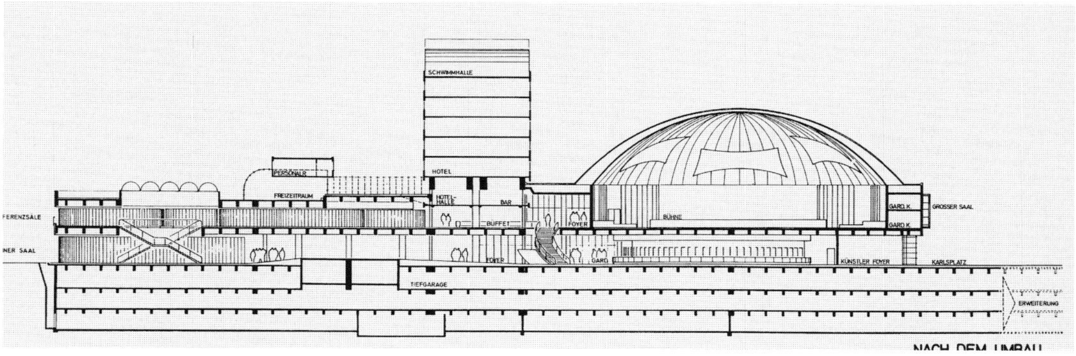

Schnitt durch den Umbauplan (Abb. 69)

Das projektierte Kultur- und Kongreßzentrum über der Bahn

Konzert- und Kongreßsaal 1800 Reihenplätze, Kleiner Saal 500 Reihenplätze, Konferenzräume 720 Plätze, Restaurant 300qm, Garage 580 Stellplätze (Hotel 140 Zimmer), Bauherr Stadt Freiburg, Architekt Dipl.Ing. M. Saß Gruppe F 70 Freiburg, Zeitpukt der Planung 1978, geschätzte Baukosten 86 Millionen DM, Basis 1978

6

Der attraktive Standort Freiburg

Die bereits Ende der 60er Jahre beginnende Rückeroberung der Innenstadt durch König Fußgänger, brachte die historisch geformte Kulisse der Altstadt voll zum Tragen. Der zurückhaltende, fast gesichtslose Wiederaufbau steigerte noch die Wirkung der stehengebliebenen Baudenkmale. Eine vom Stadtplanungschef Klaus Humpert erfolgreich betriebene Ausgestaltung der autofrei gemachten Flächen und eine gute Einfügung von neuer Architektur machten den Stadtkernumbau zur Attraktion. Nach dem Nazipurismus und der Trümmerzeit hatte die Stadt wieder ihre Mitte gefunden. Die Kaiser-Joseph-Straße als Hauptgeschäftsstraße zog mit der Autosperrung 1973[1] nach. Freiburg war bundesweit zum Beispiel einer Großstadt geworden, mit deren Kern sich der Bürger wieder identifizieren konnte. Schon die Trabantensiedlungen Weingarten und Landwasser hatten nicht nur Einheimische aufgenommen, sondern auch für Wanderungsgewinne gesorgt. Die Bemühung, für die Bevölkerung Arbeitsplätze zu schaffen, führte zur Ausweisung von Gewerbeflächen in den Flächennutzungsplänen 1970[2] und 1980[3] im Industriegebiet Nord, St. Georgen, Gewerbegebiet Haid und in der Industriezone Hochdorf. Vor dem Hintergrund der positiven gesamtwirtschaftlichen Entwicklung sorgte die Vollbeschäftigung nicht nur für Arbeit bei den Freiburgern, sondern zog auch Arbeitskräfte von außerhalb an. In der Industrieansiedlung zeigte sich allerdings, daß große Fische schwer an die Leine zu

Die wiederaufgebaute Kaiserstraße der 60er Jahre (Abb. 71)

Die Kaiserstraße nach dem Umbau zur Fußgängerzone. 1977 (Abb. 72)

bringen waren. Der Fremdenverkehr als Potential durfte nicht vernachlässigt werden. Der Ministerpräsident Baden-Württembergs Hans Filbinger hatte seinen Wahlkreis in Freiburg, was in der Landesförderung insbesondere auch im Universitätsbereich eine nicht geringe Rolle spielte. Schöne Landschaft und nahes deutschsprachiges Ausland waren die weiteren altbewährten Pluspunkte der Freiburgwerbung.

Der Anziehungspunkt Stadtmitte

Vor diesem insgesamt positiven Hintergrund erlebte die Stadt einen bis Mitte der 70er Jahre andauernden Zuzug an arbeitender und auszubildender Bevölkerung[4]. Das Interesse in der Wohnstandortwahl verlagerte sich bei den Zuziehenden aber immer mehr von den Neubaugebieten am Stadtrand zur jetzt attraktiver werdenden Innenstadt. Die Studentenbude im Vorort war keine adäquate Wohnform mehr. Sie wurde abgelöst von der Wohngemeinschaft im Altbau des Innenstadtrandes. Die gleiche Faszination übte die Stadtmitte auf die Alteingesessenen aus. An gesellschaftlich und politisch aktiven Gruppen liest sich dieser Vorgang sehr deutlich ab. Als grüne Witwe war man ausgezogen, emanzipiert wollte – kaum eine Generation später – frau zurückkehren. Aber der Platz war schnell besetzt, und die Grundstückspreise reagierten prompt. Die Überbauung in Form des Teileigentumrechts mit Eigentumswohnungen schien für diese Situation die geeignete Lösung. Man schuf Kleinsiedlungen, wie sie am Anfang des modernen Städtebaus standen. Das Neue daran war, daß diese Modelle moderner Lebensformen, abgehoben von der vorhandenen Bebauung, als Neubauten gruppenweise in der zweiten Ebene über Verkehrsflächen angelegt wurden. Mit einem auf diese Weise durch möglichst gleichgroße Haustypen gebildeten Quartier war es möglich,

Projekt Terassenhaus über der Schloßbergstraße. 1974 (Abb. 73)

großflächige Tragwerke zu schaffen und Verkehrsanlagen mit Stahlbetonkonstruktionen zu überspannen. Es konnten unter günstigen Umständen Grundflächenpreise, die nicht wesentlich teurer als gehobenes Bauland waren, erreicht werden. Ein Projekt dieser Art war eine über der Schloßberggarage geplante Terrassenbebauung, die die nebenliegende Straße mit 80 Häusern überdeckend bis auf den Schloßberg geführt werden sollte. Bereits 1970 wurde hierzu einem Investor von der Stadt ein entsprechendes Grundstück übereignet, aber 1976 wieder zurückgeführt, da die Firma in Zahlungsschwierigkeiten kam.[5] Ein zweites Vorhaben war

Projekt Bahngleisüberbauung zwischen Sedan- und Lehenerstraße mit Geschäfts- und Wohnungsbau. 1970 (Abb. 74)

zwischen Bismarckallee und Stühlinger Kirchplatz bahnüberspannend vorgesehen. Es wurde von Bürgermeister Zens 1965 und nachfolgend noch einmal 1970 als Innenstadterweiterung zum Stühlinger vorgestellt. Das Projekt nahm bereits in einem ausgeformten Bebauungsvorschlag, der 1971 vorgelegt wurde, konkrete Formen an.[6] Es sollte Büro-, Geschäfts- und Wohnbau tragen und die Bertoldstraße mit Straßenbahnführung nach Westen verlängern. Die Gleiszäsur zwischen dem Stadtteil Stühlinger und der Unterstadt galt als störende Trennung.

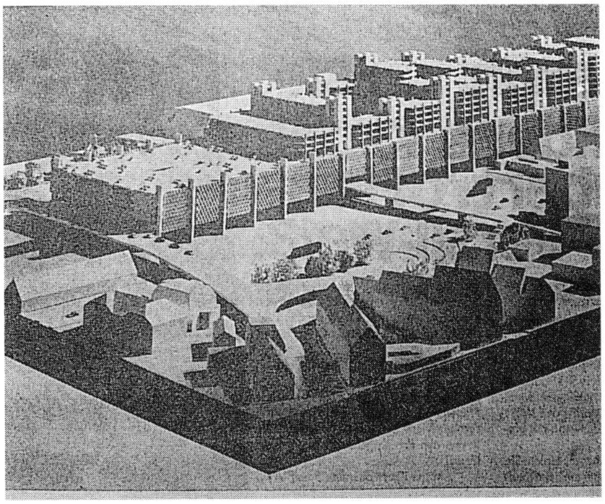

Bauträgergruppen waren an der Realisierung der Bahnhofsplatte interessiert. Ein überzogener Investorenvorschlag wurde an der Verwaltung vorbei 1971 in der Zeitung plaziert. Er prägte nachhaltig die öffentliche Meinung über das Projekt. (Abb. 75)

Die Westentwicklung

Der Baudezernent kam aus dem Raum Köln und kannte aus seiner langjährigen Planungstätigkeit für die Stadt Bensberg die Bedeutung einer Querachsenbildung zum rheinorientierten Nord-Süd Verkehr als Instrument für die Regionalentwicklung. Er griff die landesplanerisch bereits Anfang der 60er Jahre von der Planungsgemeinschaft vorgesehene Breisgauachse entlang der B 31, verlängert nach Breisach, auf und orientierte in der Flächennutzungsplanung die städtebauliche Ordnung der Stadt in der Verkehrslinienführung und der Gliederung der Baugebiete dominant in die Westrichtung.[7] Eine Konsequenz dieser Öffnung war u. a. der Anschluß der Tuniberggemeinden in der Gemeindereform. Eine von der Engelbergerbis zur Lehenerstraße reichende für Freiburger Vorstellungen etwas hochfliegende Überdeckelung der Bahn sollte auf hohem Niveau nun die neue „Westentwicklung" der Stadt sichtbar machen. Das Projekt wurde bei Gemeinderat und Verwaltung

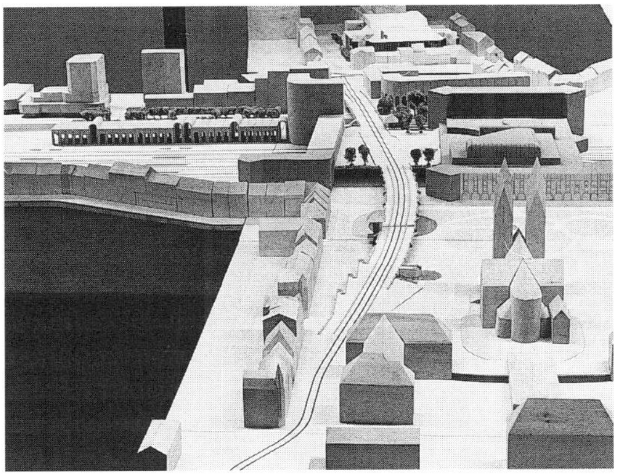

Die abgespeckte Bahnüberbauung für ein Kultur- und Kongreßzentrum nach Entwürfen von Architekt Saß. 1979 (Abb. 76)

Die Standortalternativen für ein Kultur- und Kongreßzentrum in Freiburg. 1979 (Abb. 77)

zunächst mit spitzen Fingern angefaßt, weil es übliche räumliche und finanzielle Maßstäbe weit überschritt. Die Situation änderte sich als die Bauflächen der Bahnhofsplatte in etwas verkleinerter Form von Planungsamtschef Humpert für eine neue Versammlungshalle ins Gespräch gebracht wurde. Der Einstieg über die etwas utopische Bahnhofsplatte war aber von dem Projekt, obwohl es in seiner weiteren Ausformung wesentlich konkreter wurde, nicht mehr abzuschütteln. Auslöser erneuter Überlegungen über einen großen Versammlungsraum in Freiburg war letztlich die Stadthalle, die sich nach 40 Jahren bei Konzerten und Tagungen für gehobene Ansprüche immer wieder als unzeitgemäß erwies.

Nur ein Projekt aber drei Bauplätze

Kulturbürgermeister Graf war die treibende Kraft, die 1977 ein neues „Kultur- und Kongreßzentrum" genanntes Haus für Konzerte, Kongresse und gesellschaftliche Veranstaltungen anregte.[8] Er setzte sich zunächst für die seit der Bombenzerstörung freie Fläche hinter dem Stadttheater als Bauplatz für das neue Projekt ein. Als Alternative hierzu wurde vom Stadtplanungsamt die Bahnhofsüberbauung ins Gespräch gebracht.[9] Gleichzeitig konnte als weitere Möglichkeit die von Architekt Hans-Dieter Hecker projektierte Erweiterung des Karlsbaus[10] von dessen Besitzer vorgeschlagen werden, wozu sich die Stadt an den Umbaukosten beteiligen sollte. Die Stadtverwaltung tat sich intern in der Entscheidung schwer. Das Kulturdezernat hatte seine Präferenz für das Theater, der traditionellen Heimstatt des Philharmonischen Orchesters, erklärt, das Baudezernat befürwortete aus städtebaulichen Gründen die Bahnüberbauung, und unter finanziellen Gesichtspunkten bot sich auf Anhieb die Karlsbauerweiterung als eine in Bau- und Fremdbetrieb billige Lösung an. Mitte 1978 wurde deshalb das Planungsamt beauftragt, eine Standortuntersuchung vorzulegen. Um die Vergleichbarkeit der drei Alternativen zu erreichen, war es zunächst erforderlich, die Vorschläge auf einen etwa gleichen Stand in der Planungsqualität zu bringen. Die Karlsbauerweiterung lag bereits in den Händen eines anerkannten Architekten, die Theaterplanung betrieb das Planungsamt selbst, und für die Planung der Bahnüberbauung konnte Architekt Manfred Saß, Gruppe F 70, gewonnen werden.[11]

Das Kultur- und Kongreßzentrum über der Bahn

Die Bahnüberbauung war von den zur Auswahl stehenden Vorschlägen besonders interessant. Die Lage am Bahnhof stand für Innenstadtöffnung und Westentwicklung, zwei intensiv propagierte Leitmotive städtebaulicher Zielsetzung. Die Lage, herausgehoben über die Gleisanlagen am Hauptbahnhof bot eine nicht zu übersehende bislang von

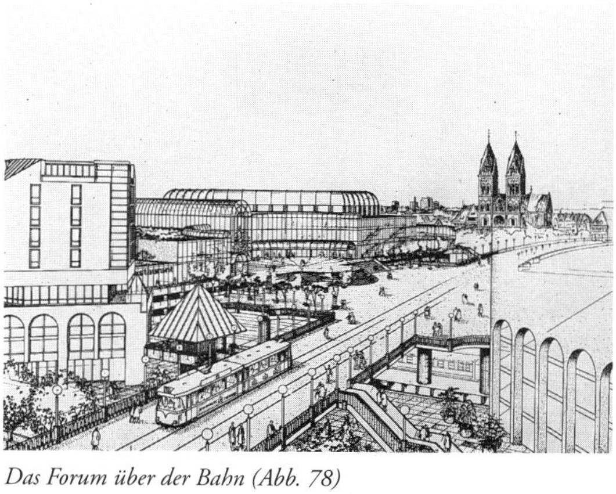

Das Forum über der Bahn (Abb. 78)

Der Abschluß zum Stühlinger Kirchplatz. Die eiserne Stühlinger Brücke ist weggefallen (Abb. 79)

Hochbauten ausgesparte Freifläche an, auf der sich das Vorhaben frei entfalten konnte. Zunächst mußte eine Tragwerksplatte von 115 Metern Länge mit nur einer Mittelstützreihe geplant werden, die die Gleisanlagen überbrücken konnte. Der Hohlraum dieser 4,50 Meter hohen Konstruktion sollte als Parkhaus genutzt werden und hob die für das Kultur- und Kongreßzentrum nutzbare Ebene 11 Meter über die Gleisanlagen heraus. Auf dieser Fläche, die noch 2,50 Meter über der Stadtbahnbrücke lag, waren die Saalbauten mit nochmals 21 Meter Höhe vorgesehen. Für die drei Standortalternativen gab die Stadt nach Empfehlung von Kongreßfachmann Dr. Wever ein einheitliches Raumprogramm vor und verlangte einen großen

Eine Entwurfsalternative von 1979.Statt der Saalgruppe um ein Forum entsteht ein dominierendes Gebäude, oft als „Stadtkrone" bezeichnet (Abb. 80)

Der große Saal über dem Bahngelände (Abb. 81)

Saal mit 1800 bis 2000 Reihenplätzen, einen kleinen Saal mit 500 Reihenplätzen, 9 Konferenzräume mit ca. 700 Plätzen, ein entsprechendes Foyer- und Nebenraumangebot, eine Parkfläche für ca. 500 Plätze und einen Hotelanbau mit einer Kapazität von 150 Zimmern.[12] Der von Architekt Saß für die Bahnüberbauung vorgelegte Entwurf sah die Ausbildung eines „Forums" auf der obersten Platzebene vor, das von den beiden Sälen nach Osten und Westen eingefaßt wurde. Es bot einen imposanten Blick von dieser Höhe auf Altstadt, Münster und Schwarzwaldpanorama. Von der Bertold- beziehungsweise Wannerstraße gesehen, stand die gleisüberspannende Tragwerkplatte aber in keinem sinnvollen Höhenverhältnis zu den anschließenden Stadtbereichen. Sie wurde durch den stadtwärts gelegenen Hotelbau beziehungsweise ei-

Ein neuer Zugang vom Stühlinger Kirchplatz (Abb. 82)

nen Westflügel auf der Stühlinger Seite kaschiert. In einer zweiten Stufe erfuhr der Entwurf unter dem Arbeitstitel „Brücke" eine Weiterentwicklung, wobei die Ausbildung eines Forums aufgegeben wurde und die Saalbauten die Bahnplatte zentral besetzten. Der sogenannte Westflügel entfiel zugunsten eines sich zur Stühlinger Kirche abtreppenden Barockgartens. Das Hotel wurde auf der Stelle des heutigen Konzerthauses angeordnet.[13] Der Planungsbeirat der Architektenkammer war zur Begutachtung aufgefordert worden und hatte in seiner im Herbst 1978 vorgelegten Stellungnahme[14] auf die „Sperriegel"-Wirkung der Vorbauten hingewiesen. Nach dem Tod von Baubürgermeister Hermann Zens trat Dr. von Ungern-Sternberg dessen Nachfolge an und mußte in dieser kommunalpolitisch schwierigen Frage die Entscheidung vorbereiten. Das Gutachten des Planungsbeirats brachte hier aber keine entscheidende Hilfe, da es sich auf keinen Standort festlegte. Intern wurde aus städtebaulichen und wirtschaftlichen Gründen von der Stadtverwaltung schließlich die Bahnüberbauung präferiert. Von Dr. Wever und der Firma Projekt-Control war nach Vorlage der Entwürfe, die nun alles entscheidende Kostenfrage zu beantworten. Im Frühjahr 1979 wurden die Zahlen vorgelegt.[15] Die Schätzungen der beiden Gutachter schlossen bei Werten von 86 Millionen DM brutto +/- 20%, Basis 1978, ab. Auch ein alternativ entwickeltes „reduziertes" Programm mit Sälen von 1600 beziehungsweise 400 Reihenplätzen brachten keine akzeptableren Kosten. Die Auswertung der Gutachten resümierte, daß das große Saalprogramm und auch das reduzierte Programm für die Stadt alleine „außerhalb der Grenze des Möglichen" liege. Ohne zusätzliche Finanzquellen war das Projekt nicht zu verwirklichen.

Wo steht ein Fördertopf?

Verschiedene Möglichkeiten der öffentlichen Unterstützung wurden angestrebt[15]: die Aufnahme in die von Bund, Land und Kommune finanzierte Städtebauförderung oder in das Landesentwicklungsprogramm. Aber die Hoffnung, auf Anhieb Landesmittel zu erhalten erwies sich als illusorisch. Der Freiburger Ministerpräsident von Baden-Württemberg Filbinger war 1978 zurückgetreten. Um an Fördermittel heranzukommen, mußte man sich in die Schlange einreihen. Schließlich konzentrierten sich die Erwartungen auf Mittel aus dem Forschungsprogramm des Bundes. Für die unrentierliche Gleisüberbauung wurde aber neben dem imposanten Vorteil einer Mehrfachnutzung von Bauland auch dessen Nachteil deutlich spürbar: Man geriet in die Handlungszwänge und Planungsabläufe des Mammutunternehmens Bundesbahn. Selbst bei dem den Bahnbehörden zweifellos zu attestierenden guten Willen, konnte die Bahn nicht zu schnellen Entscheidungen in Sachen Freiburg kommen. Zunächst gestalteten sich die Kontakte sehr positiv, aber 1980 bat man um Aussetzung der Verhandlungen. Die Bahn befand sich konkurierend zum regionalen Flugverkehr in einer Umbruchsituation und orientierte bundesweit ihr Flächenkonzept neu. Es wurden mehrere Möglichkeiten diskutiert, privates Geld für das Projekt zur Anlage zu bringen und dazu Immobiliengesellschaftsformen, Fondsgesellschaften oder Leasingverfahren vorgeschlagen. Daneben wurde versucht, die Überbauung als Landesentwicklungsprojekt in die Förderung des Landes Baden-Württemberg unterzubringen. Die Bahnhofsplatte wurde als Standort eines Alemannischen Landesmuseums vorgeschlagen. Alle Wege waren nicht eben Erfolg versprechend. Die Hoffnungen konzentrierten sich schließlich darauf, daß der Bund die Bahnüberbauung als Pilotprojekt in sein Forschungsprogramm aufnehmen würde.

Das Projekt hat die Köpfe bewegt.

Die Auswertung der Kostengutachten vom Frühjahr 1979 sprach sich eindeutig für eine Präferenz der Bahnüberbauung aus und lehnte den Theateranbau und die Karlsbauerweiterung ab. Aufgrund der finanziellen Dimension mußte aber das Projekt auf absehbare Zeit, wenn nicht sogar ganz, grundsätzlich als gescheitert gelten. Trotzdem hatte die Planung ihre besondere Bedeutung für die Freiburger und ihr Bild von der Stadt. Die Bahnüber-

Mit der Innenstadt über die neue Stadtbahnbrücke verbunden. (Abb. 83)

Der Stadtteil Stühlinger vom Bahnhof gesehen (Abb. 84)

bauung lag im arithmetischen Bevölkerungsschwerpunkt. Sie war zwar in wesentlich kleinerer Dimension vorgeschlagen als die Überbauung nach der Vorstellung von Zens; das Gesamtprojekt hatte aber immer noch die Größe von etwa 1ha. Ein Fußballfeld Neubauland mitten in der Stadt, das kam deutlich in den Blick. In der Diskussion über das Projekt vor dem Hintergrund der 1978 begonnenen Stadtbahnbrücke, die sich gegenüber der ursprünglichen Tunnellösung durchgesetzt hatte, drang der Begriff der Westentwicklung in alle Gespräche ein. Die für Freiburger Vorstellungen zunächst etwas zu große Distanz eines öffentlichen Gebäudes vom Rang des Kultur- und Kongreßzentrums zur Altstadt und seine Loslösung vom Ring, war nach der Standortdebatte über die Bahnüberbauung nicht mehr unvorstellbar. Ein weiterer Zusammenhang war sichtbar geworden. Der Anstoß zum Kultur- und Kongreßzentrum kam von der Kulturseite her, und das Verkehrsamt und Kongreßberater wurden im zweiten Schritt zu Überlegungen über eine alternative Kongreßnutzung im gleichen Projekt zugezogen. Das lebendige Musikleben der Stadt und das offensichtliche Fehlen geeigneter Veranstaltungsräume hatte sich über Jahre hin als ein ständiges, leidiges Gesprächsthema zwischen Veranstaltern, Musikinterpreten und Öffentlichkeit dargestellt. Die Initiative ging von Kulturbürgermeister Gerhard Graf aus. Ihm bot Yehudi Menuhin an, in einer neuen Halle zur Eröffnung ein Violinkonzert zu geben.[16]

Wohnen in der Stadt, zentral und billig

Der Abschied vom Vorhaben Kultur- und Kongreßzentrum war für Oberbürgermeister Keidel in seinen letzten Amtsjahren schmerzlich. Immer deutlicher wurde sichtbar, daß größere Planungen der öffentlichen Hand bei Teilen der jungen Generation auf massiven Widerstand stießen. Fast regelmäßig handelte es sich um Jungbürger, meist Studenten, die zur Ausbildung nach Freiburg gekommen waren, deren mit Vorliebe im attraktiven Innenstadtgebiet gewählte Wohnungen von Neubaumaßnahmen, vor allem von öffentlichen Projekten beansprucht wurden. Der Gemeinderatsbeschluß über den Anschluß der Dreisamuferstraße in der Freiau 1975, der Beschluß der Stadtbahnbrücke 1976, die förmliche Festlegung des Sanierungsgebiets „Im Grün" 1979 führten jeweils zu kampfartig ausgetragenen Protesten von bis dahin ungewöhnlicher Gewalttätigkeit. Bei allen Demonstrationen wurde unter Einhaltung der demokratischen Verfahren, in denen die jeweiligen Entscheidungen zustandegekommen waren, der Vorwurf erhoben, die Beschlüsse seien weder mit Beteiligung noch im Interesse der Bevölkerung gefaßt worden. Diese Stimmung wandte sich nun auch gegen das Kultur- und Kongreßzentrum das „KKZ" oder, da die kulturelle Komponente nur ungern zur Kenntnis genommen wurde, das „KOZE". 1980 gründete sich die „Bürgerinitiative gegen das Kultur- und Kongreßzentrum".[17]

Das Konzerthaus

Großer Saal:
Konzertnutzung: 1800 Reihenplätze. Tagungsnutzung: 800 Plätze parlamentarisch bestuhlt. Gesellschaftliche Nutzung incl. Foyer: 1000 Bankettplätze.
Kleiner Saal: Konzertnutzung: 480 Reihenplätze. Tagungsnutzung: 250 Plätze parlamentarisch bestuhlt. Gesellschaftliche Nutzung 300 Bankettplätze. 9 Konferenzräume: teilbar, Kapazität 28–110 Personen.
Bauherr: Freiburger Kommunalbauten GmbH & Co KG.
Architekt: Dietrich Bangert u. Bangert Scholz Architekten
Bauzeit: 1992–1996,
Baukosten: 90 Millionen DM brutto, Basis 1987. 136,8 Millionen DM brutto, Basis 1996.
Hotel mit 219 Zimmern, Ballroom und Gastronomie.
Konzerthausgarage: 520 Parkplätze. Hotelgarage: 99 Parkplätze. Garage unter Busbahnhof: 272 Parkplätze. Parkplatzangebot insgesamt damit: 891 Parkplätze.

7

Die Bahnüberbauung bleibt stecken

An den Hauswänden der Häuser in der Innenstadt entstanden spontan Ende der 70er Jahre sprechende aber nicht immer ansprechende Dekorationen. Es waren nicht die typischen sorgfältig ausgeführten Architekturmalereien einer süddeutschen Stadt. Für den Hausherrn in der Anbringung völlig kostenfrei zeigten sich über Nacht Graffiti von mehr oder weniger geübten Sprayern mit eindeutig politischem Hintergrund auf der Fassade. Die Motive hatten oft mit Themen, wie Atomenergie oder Nato-Doppelbeschluß einen bundesweiten Hintergrund, waren aber auch lokal bezogen und zeigten in der Wirtschaftssituation vor allem aber der Wohnungsfrage eine schwierige Problemlage an. Für das Weiterführen der Konzert- und Kongreßhausidee war das nicht eben förderlich. Wie sollte das aufwendige Projekt ohne glaubhafte Lösungsansätze für andere wichtige kommunalpolitische Fragen, wie etwa für Wohnungsbau vor der Öffentlichkeit vertreten werden? Im Februar 1981 teilte der Oberbürgermeister den zuständigen Bundes- und Landesministern mit, daß die Stadt in der gegebenen Situation keine Realisierungsmöglichkeiten für das Vorhaben sehe.[1] Der Bund akzeptierte diese Entscheidung und sah wohl im Wohnbau und Energiebereich aus seiner Sicht wichtigere Aufgabenstellungen öffentlicher Förderung.[2] In Freiburg bemühte sich die im Rathaus einberufene Kommission Kultur- und Kongreßzentrum[3] weiterhin neue Finanzierungsmöglichkeiten zu finden, und untersuchte

Wer zahlt ein bißchen Chaos? (Abb. 86)

Wie frei macht viel Polizei? (Abb. 87)

zusätzliche Nutzungsvarianten für die Bundesbahn oder solvente Partner aus dem Hotelbereich zur Übernahme von Programmteilen des Saalangebots. Das auf der Bahnhofsplatte über die Stadt hinausgehobene Vorhaben hatte sich nie von dem Verdacht eines forschen Pilotprojekts befreien können. Ohne nennenswerte Finanzhilfe war eine Baumaßnahme dieser Dimension in der von Stagnation gezeichneten Zeit nicht durchführbar. Baudirektor Humpert nahm Ende 1982 eine Professur an der TH Stuttgart an; ein halbes Jahr später verstarb Bürgermeister Graf. Beide waren im Rathaus treibende Kräfte für die Ausweitung des Angebots an Kultur- und Tagungsflächen. Auch die eifrigsten Verfechter des Kultur- und Kongreßhauses wandten sich anderen Themen zu. Der innere Bedarf an kulturell zu nutzenden Räumen und die Attraktivität von Freiburg als Tagungsort stand aber nach wie vor nicht in Frage. Die Stadt hatte zwar nicht genügend Geld, um alleine neu zu bauen, sie hatte aber deshalb erst recht kein Geld, um Chancen zu verschenken.

Ein Fremdkörper überlagert das Lokale (Abb. 88)

Improvisation mit reduziertem Programm

Um die in der vorangegangenen Debatte sichtbar gewordenen Möglichkeiten für das Kultur- und Kongreßwesen nicht völlig zu vertun, ergriff daher die Kommunalbaugesellschaft eine Initiative. In einer Untersuchung über den Tagungs- und Kulturbereich wurde mit dem Verbund von Standorten in der Innenstadt eine dezentrale Lösung gesucht.[4] Es zeigte sich, daß der Stadtverwaltung zur Repräsen-

Versammlungsräume in der Innenstadt. 1983 (Abb. 89)

tation für Tagungen und kulturelle Veranstaltungen zehn Bauten zur Verfügung standen, die aber von einer Vielzahl einzelner Ämter verwaltet wurden. Das für das Kongreßwesen zuständige Verkehrsamt könnte nicht einmal auf einen einzigen Tagungsraum direkt zugreifen. Die Studie gab daher die Empfehlung, die in Frage kommenden Bauten unter möglichst eine Verwaltung zu stellen, um das vorhandene Angebot dem Markt zu öffnen, ohne sehr hohe Kosten zu investieren. Freilich mußte auch darauf hingewiesen werden, daß der gewünschte große Musik- und Kongreßsaal auf diesem Weg nicht zu erreichen war. Es wurde angeregt, zur Erhaltung eines Musiksaals die vorgesehene Reparatur der Stadthalle beträchtlich aufzustocken. Mit Abstrichen an der wünschbaren Raumkapazität bestanden für Tagungen zwei Alternativen: in dem Kauf des Karlsbaus oder einem städtischen Saalbau am Schloßberg nach Vorschlag von Architekt Hans Helbling im Stadtplanungsamt. Insofern fand die Studie für den großen Saal auch keine überzeugende und billige Lösung. Das Thema blieb auf der Tagesordnung, aber ohne Hilfe ging nichts. Die Zusammenfassung kleinflächiger Angebote in einer Hand wurde 1987umgesetzt und hierzu die Gesellschaft für Kultur, Tagungen und Ausstellungen „KTA“ geschaffen, deren Nachfolgerin, die Freiburg Wirtschaft und Touristik GmbH, „FWT“, jetzt auch die Leitung des neuen Konzerthauses übernimmt.

Professor Dr. Ralf Dahrendorf (im hellen Mantel) und Rudi Dutschke (mit Mikrophon) diskutierten vor der Stadthalle auf dem Dach eines Volkswagens sitzend. (Abb. 90)

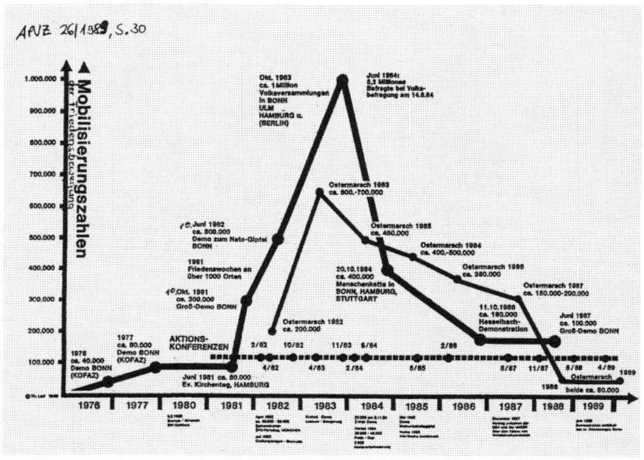

Die Mobilisierung der Staatsbürger wächst Anfang der 80er Jahre stark an. (Abb. 91)

Der kommunalpolitische Kontext

In Freiburg war, wie auch im gesamten Bundesgebiet, seit dem Ende der 60er Jahre ein Umbruch im Denken und im Stil des öffentlichen Umgangs miteinander zu erkennen. Sobald die Administration, gleich auf welcher Ebene, ein Projekt anging, widersetzte sich heftig eine radikale Gegenbewegung der Nachkriegsgeneration mit organisiertem Protest. Soweit es überhaupt zu Kontakten kam, zeigte sich, daß die Wertmaßstäbe beider Seiten völlig unterschiedlich waren. Jedes Gespräch war schwierig, weil jeweils die Legitimation des Gegners in Zweifel gezogen wurde. Die Verwaltung berief sich auf ihre grundgesetzlich abgesicherte Rechtsstellung. Die Demonstranten sahen sich in der von der Anti-Vietnam-Bewegung 1966/68 propagierten Rolle der „außerparlamentarischen Opposition“. In der Auseinandersetzung mit ihnen tauchten wiederkehrend Vorstellungen auf, die ein verändertes Politikverständnis verrieten.

- Der Begriff „Autorität“ spielte eine besondere Rolle und wurde für das Aufkommen faschistischer Herrschaftsformen verantwortlich gemacht.
- Rationalismus und Aufklärung führten nicht mehr zu einem idealistischen Sozialismus. Im Gegenteil, die Arbeiterklasse wurde von ihrem marxistischen Nimbus entkleidet.
- Ein Begriff, der immer mehr Bedeutung gewann, war die durch die wachsende globale Technisierung drohende „Erschöpfung der Ressourcen“.

Aus der Verbindung dieser Ansätze entwickelten sich neue prägende Wertvorstellungen im politischen Denken, die für alle Parteien der Bundesrepublik zunächst einen Affront darstellten, dann aber auch auf deren Politikvorstellungen Einfluß gewannen. Über einen längeren Zeitraum und fast unbemerkt änderten sich politische Grundmotive.

Dreisamdemo und Polizei in der Kaiser-Josef-Straße. 1980 (Abb. 92)

Das klassische soziale Problem: Die Kumulation des Vermögens in den Händen weniger bedeutete seit dem Ende des 19. Jahrhunderts eine soziale Herausforderung, und die Politik sah sich vor die Aufgabe gestellt, durch Umverteilungen gegenzusteuern. Je mehr nun die Gefährdung der Ressourcen die öffentliche Meinung bestimmte, desto mehr verlor die dynamisierende Zielsetzung einer grundsätzlichen gesellschaftlichen Veränderung zugunsten der mehr statischen Aufgabe einer Bewahrung der Umwelt vor technischen Großprojekten an Gewicht. Die Tragfähigkeit von „Autorität" war bereits bei Eltern, Lehrern und Professoren in vielen Streikformen getestet worden. Die neue antiautoritäre Haltung bestimmte nun auch die Einstellung zur staatlichen Hoheit.

In der Anwendung auf lokale Probleme, wirkte sich das neue Denken in Freiburg konkret aus. Sobald die vor allem von Studenten begehrten Altbauten am Rand der Innenstadt dem Prozeß der Stadtentwicklung der Kernstadt im Wege standen, wurde deren Abbruch als Verlust unwiederbringlicher „Ressourcen" gesehen und im Häuserkampf gegen die „Autorität" der Administration verteidigt. Der Abbruch des Dreisamecks 1980 und vor allem des Schwarzwaldhofs 1981 führten zu Gewaltsamkeiten. Etwa 10.000 Demonstranten standen mehreren Hundertschaften der Polizei gegenüber. Die Stadt befand sich in einem permanenten Ausnahmezustand. Die Verhältnisse waren in anderen Großstädten des Bundesgebiets durchaus ähnlich, in den größeren Städten etwa Hamburg oder Berlin wurden sie noch schärfer ausgetragen. Je mehr sich in Freiburg eine positive Stimmung zugunsten einer Kultur- und Tagungsstätte darstellte, desto mehr konzentrierte diese alternative Bewegung ihre oppositionelle Haltung auf das neue Projekt, in dem sie eine katastrophale Überlagerung der von ihr bekämpften Fehlentwicklungen sah: eine autoritäre Durchsetzung eines zentralistischen Projekts, eine öffentliche Finanzierung kongreßinteressierter Eliten und eine Zerstörung billiger Ressourcen in Gestalt von Altbauten am Innenstadtrand.

Unabhängig von der inneren Situation der Stadt hatten sich in ihrem äußeren Einflußbereich von langer Hand in den 70er Jahren Entwicklungen ergeben, die vom Oberzentrum Freiburg zu registrieren waren, auch ohne daß Ansatzpunkte zugunsten einer eigenen Interessenwahrnehmung gefunden wurden. Das Badnerland hat eine betont nord-südliche Längsausrichtung, lediglich im südbadischen Gebiet erreichte es mit den Räumen Oberrhein – Bodensee eine wirksame Tiefe. Diese Fläche stellt den Rest der österreichischen Territorien mit der Stadtfolge Ensisheim, Freiburg, Konstanz, Innsbruck dar, die in drei verschiedene Staaten aufgegangen war. Kulturell wirkt aber die österreichische

Vergangenheit in Südbaden noch spürbar nach. Der mit Freiburg traditionell verflochtene Bodenseeraum begann sich nach Eröffnung der Autobahn Neckarraum – Bodensee im Jahr 1978 nach Stuttgart hin zu orientieren.
Weitere Interessenverschiebungen enstanden am südlichen Oberrhein zwischen den Angrenzerländern. Regionales Denken war zwar in der Schweiz immer gepflegt aber auch zwischen den Kantönlis bespöttelt worden. Für Basel war es in seiner rheintalbezogenen Lage die einzige Möglichkeit, eine räumliche Ordnung sinnvoll zu steuern. Die Regio Basiliensis, gegründet im Jahr 1963, stellt den ersten wirksamen grenzüberschreitenden, regionalen Zusammenschluß am Oberrhein dar. Die Initiative hatte sich gelohnt, nachdem auf elsässischem Gebiet im Mai 1970 der Euroairport Mulhouse als französisch-schweizerisches Projekt eingeweiht werden konnte, dessen Piste 1978 auf 3900 Meter verlängert wurde. Der Regio Basiliensis stand seit 1965 die Regio du Haut Rhin gegenüber. Vom Oberzentrum Freiburg war nicht die Rede. Europäische Kooperation wurde immer konkreter, die EU steuerte die Ratifizierung der Verträge von Maastricht für die 90er Jahre an, und die Schweizer Euroskeptiker kamen mit den Elsässern früher zu Ergebnissen als die Badener.
So stand es um das Freiburger Haus Anfang der 80er Jahre nicht besonders gut: im Innern Familienstreit und draußen schlaue Nachbarn.

Ein neuer Anfang

Die letzten 20 Jahre des Jahrhunderts brachten auf mehreren Ebenen einen Generationswechsel der politischen Führungspersönlichkeiten. Lothar Späth war 1980 Ministerpräsident geworden. Die sozialliberale Regierung in Bonn ging im Oktober 1982 zu Ende, fast zeitgleich wurde in Freiburg Rolf Böhme zum Oberbürgermeister gewählt. Die Bundestagswahl 1983 gewann Helmut Kohl als Kanzlerkandidat, und die Grünen zogen erstmals in den Bundestag ein. Auf allen Ebenen wurde versucht, eine größere Handlungsfähigkeit der politischen Institutionen zu gewinnen.
Wieder einmal war an den Oberbürgermeister im Rathaus die Aufgabe gestellt, kommunalpolitische Perspektiven aufzuzeigen, die die Stadt zu ihrer weiteren inneren und äußeren Entfaltung in den nächsten Jahrzehnten ansteuern sollte. Dabei mußte aber der Stil der Auseinandersetzungen, der zum agressiven Verteufeln des Gegners neigte, zu demokratischen Spielregeln zurückgeführt werden. Aber

Kommt von Stuttgart Hilfe? (Abb. 93)

die erforderliche neue Zielbestimmung führte naturgemäß dazu, daß einmal dieses ein andermal ein anderes politisches Lager betroffen sein mußte, politische Gegensätzlichkeit also immer wieder scharf zutage trat. So ging es zunächst an erster Stelle um den Inhalt im weiteren aber auch um äußere Formen der Politik in den kommenden Jahren.

Um die Atmosphäre des Mißtrauens, der Feindseligkeit und einer demonstrativ mit Hilfe der Polizei gestützten öffentlichen Ordnung zurückzudrängen, wurde ein nach innen gerichtete langfristige Befriedungspolitik konzipiert und auch mit Erfolg verwirklicht trotz der vorhersehbaren skeptischen Reserviertheit im alternativen Lager.
Weiterhin wurden Initiativen ergriffen, um in Freiburg, das in einer differenzierten und sensibel reagierenden Landschaft liegt, die Verkehrspolitik mit Priorität des öffentlichen Nahverkehrs vorrangig nach ökologischen Gesichtspunkten auszurichten.
Eine weitere wichtige Aufgabe bestand darin, Vorstellungen für den wirtschaftlichen Ausbau zu entwerfen, denn wünschbare soziale Sicherungen waren nur bei soliden wirtschaftlichen Verhältnissen zu gewährleisten. Freiburg hat im 20. Jahrhundert in seiner Wirtschaftsstruktur einen vergleichsweise geringen Anteil an produzierendem Gewerbe zu verzeichnen. Dieser Nachteil konnte sich inzwischen als Vorteil erweisen, denn zum tertiären Sektor zählten die wachstumsstärksten Branchen und entsprechende Betriebe wurden vom industriefreien Oberrheinland angezogen. Als wichtige Standortqualität erwies sich dabei die Universität und For-

schungseinrichtungen, wie die Frauenhofer- und Max-Planck-Institute, die eine Verknüpfung von Forschung und Dienstleistung in Aussicht stellen konnten, erst recht wenn es gelang, zusätzlich zu den vorhandenen Sparten Erweiterungen des Lehr- und Forschungsangebots im Bereich der angewandten Wissenschaft zu erreichen.

Schließlich bestand eine besondere Herausforderung darin, die isolierte Stellung der Stadt in ihrer Verbindung zu den benachbarten Regionen zu durchbrechen; gegebenenfalls mit Mut zu unpopulären Maßnahmen trotz der Vorrangstellung ökologischer Kriterien. An Planung und Bau der Bundesstraße 31 nach Osten mußte festgehalten werden. Der europäische Einigungsprozess wurde genutzt, um in der Kernregion am Oberrhein im Verhältnis zu Frankreich und der Schweiz den südwestdeutschen Part zu stärken und Freiburger Interessen mit neuen Elementen, wie beispielsweise der Regio-Gesellschaft, einzubringen.

Wirtschaftliche Kooperation im Dienstleistungsbereich, Stärkung der Universität, regionale Zusammenarbeit, waren Entwicklungsziele, die die Stadt darauf verwiesen, daß sie kein geeignetes Forum bieten konnte, das als attraktive, technisch qualifizierte Vermittlungsstelle den Kontakt bewirken konnte, auf den neue Aktivitäten aufzubauen waren. Daher lag der Bau eines großen Hauses für Tagungen sehr in der Blickrichtung der Stadtpolitik Anfang der 80er Jahre.

Daneben gab es vom inneren Bedarf her die Nachfrage nach dem großen Freiburger Musiksaal. Dieser Wunsch seit langer Zeit vorgetragen, ließ sich aber in einem angemessenen Niveau nur zusammen mit der wirtschaftlichen Nutzung für Tagungen, für die die Stadt als Standort durchaus vorteilhafte Marktchancen aufwies, in einem Haus verwirklichen.

So führten kulturelle Tradition und wirtschaftliche Zielsetzung zum Projekt einer Kultur- und Tagungsstätte, die sich nicht in vielerlei Nutzungen verzetteln durfte wie ehemals die Wunschliste für die Stadthalle und doch deutlich mehr bieten mußte als ein starres Einraumprogramm.

Diese Gedanken, früh von Rolf Böhme als Oberbürgermeister konzipiert[5], führten ihn dazu, das Gespräch mit Ministerpräsident Lothar Späth zu suchen. Mit einer Reihe von Maßnahmen waren andere Städte in der Landesförderung an Freiburg vorbeigezogen. Eine Gelegenheit war der Besuch des Ministerpräsidenten im Freiburger Rathaus im November 1983.

Das war die Chance für das neue Konzerthaus in Freiburg. Nachdem das Thema anläßlich der Eröffnung des Colombischlößchens als Museum bereits vorbesprochen war, gab der Ministerpräsident seine Zusage einer besonderen Landesförderung bei seinem offiziellen Besuch in Freiburg im November 1983.[6] Im gleichen Jahr waren drei städtische Gesellschaften, die Siedlungsgesellschaft, die Kommunalbauten und die Stadterneuerung in der Freiburger Stadtbau Gesellschaft zusammengefaßt worden.[7] Diese Gesellschaften, unter dem Aufsichtsratsvorsitz des Oberbürgermeisters, hatten verschiedene im städtischen Interesse liegende Versorgungsaufgaben im Wohnungsbau, dem Bau von kommunaler Infrastruktur, sowie der Stadtsanierung übernommen. Durch die Zusammenfassung war es möglich, eine Planungsgruppe zusammenzustellen, die effektiv eine konkrete Vorplanung erarbeiten konnte, um mit einem seriösen Vorschlag die im Grundsatz in Aussicht gestellte Unterstützung der Art und Höhe nach festzulegen und die Mittel in den Haushaltsplanungen des Landes zu sichern. Die Stadtbau wurde mit der Entwicklung des Konzerthauses beauftragt, und der Stadtbautochter Kommunalbau wurde, soweit das Vorhaben sich realisieren ließ, die Bauherrenfunktion für das neue Projekt übertragen.

Um bei diesem politisch brisanten Projekt eine Übereinstimmung im schrittweisen Vollzug des Planungs-und Bauablaufs zwischen Stadt und Stadtbau zu gewährleisten, übertrug der Aufsichtsrat der Stadtbau die Beschlußfassung einem speziellen Ausschuß, dem neben Aufsichtsräten auch die Vorsitzenden der Stadtratsfraktion angehörten. Nach einem jeweils vorangehenden Gemeinderatsbeschluß wurden die einzelnen Realisierungsschritte des Projekts inhaltsgleich vom Konzerthausausschuß vollzogen.

Auf dem Boden bleiben, Besinnung auf das Notwendige

Die Finanzierungsmöglichkeiten für eine Verbesserung des Kultur- und Kongreßangebotes in Freiburg stellten sich damit günstiger dar. Wenn die Chance ergriffen werden sollte, mußte nicht nur ein neuer Anlauf genommen werden, das Ziel durfte nicht zu weit gespannt sein. Die Bahnüberbauung war nicht ein Schritt über die Bahn, sondern eher ein Spagat. Um die Gleisanlagen zu überspringen und das Bauwerk städtebaulich einzubinden, hätte oft ein ungünstiger Baukörperzuschnitt und manche Restfläche hingenommen wer-

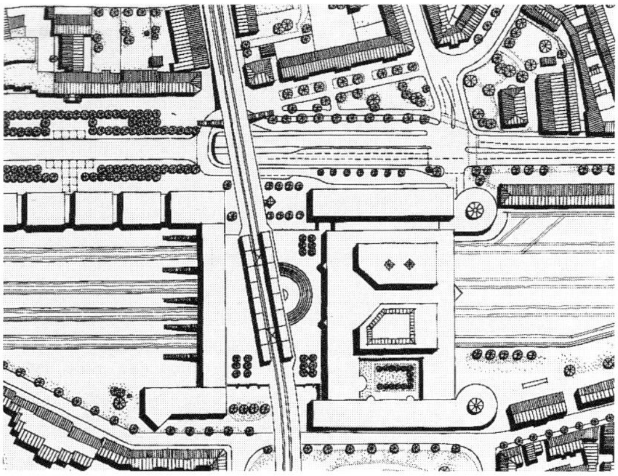

Das alte Projekt Kultur- und Kongreßzentrum über der Bahn (Abb. 94)

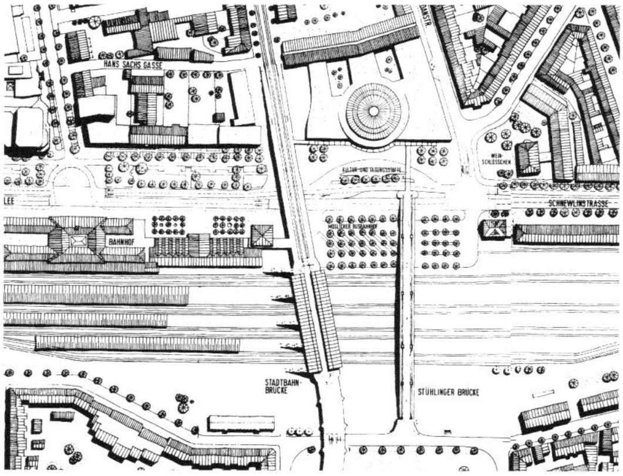

Ein neuer Anlauf mi einem Testentwurf. Vorteile wahren, Belastungen korrigieren (Abb. 95)

den müssen, was die Kosten sehr bestimmte. Die geschätzten 86 Millionen DM, Basis 1979, für die Bahnüberbauung würden 1987 Investitionen von 115 Millionen DM entsprechen. Die für das Konzerthaus bindende Kostenhöhe für die gleichen Bauteile entspräche einer Investition von 90 Millionen DM, Basis 1987. Die Bruttogeschoßflächen betragen in der Summe bei dem Kultur- und Kongreßzentrum 21.500 qm, das Konzerthaus weist eine Bruttogeschoßfläche bei den entsprechend zuzurechnenden Räumen von 23.000 qm auf.[8] Das Konzerthaus erweist sich somit als die absolut kostengünstigere und sogar nutzflächengrößere Lösung.

Was die Zahlen zum Ausdruck bringen, vermittelte die Bahnüberbauung aber auch als Bild. Die die benachbarten Quartiere übersteigende großflächige Bauform hätte im Stadtbild eine dominante herausragende Stellung eingenommen. Nicht eben das, was dem Stadthaus einer mit Finanzproblemen geplagten Kommune angemessen sein sollte und die Bürgerschaft zur Identifikation mit dem neuen Stadthaus einlädt. Eine außerhalb von Veranstaltungen unbelebte Halle auf Bahngleisen würde sich auch nicht unbedingt zu einem lebendigen Verbindungselement zwischen Stühlinger und Unterstadt entwickeln.

Trotzdem stellte die Bahnüberbauung zu ihrer Zeit eine entscheidende Weiterentwicklung dar. Alte Festhalle, Stadttheater und Karlsbau waren eng an den Ring angehängt. Das neue Kultur- und Kongreßhaus sollte dagegen exponiert an der Westgrenze der Innenstadt plaziert werden. Dieser Standort, der von der Gesamtentwicklung der Stadt gesehen zwingend ist, mußte unbedingt auch bei einem neuen Anlauf für das Projekt beibehalten werden.

Ein weiterer Standortvorschlag

Ein Gelände, das eine aufwendige Bahnüberbauung nicht erforderlich machte, trotzdem in Bahnhofsnähe lag und sich wegen weiterer Vorteile an-

Abschied von der Bahnüberbauung. Die Pläne bleiben in der Schublade. (Abb. 96)

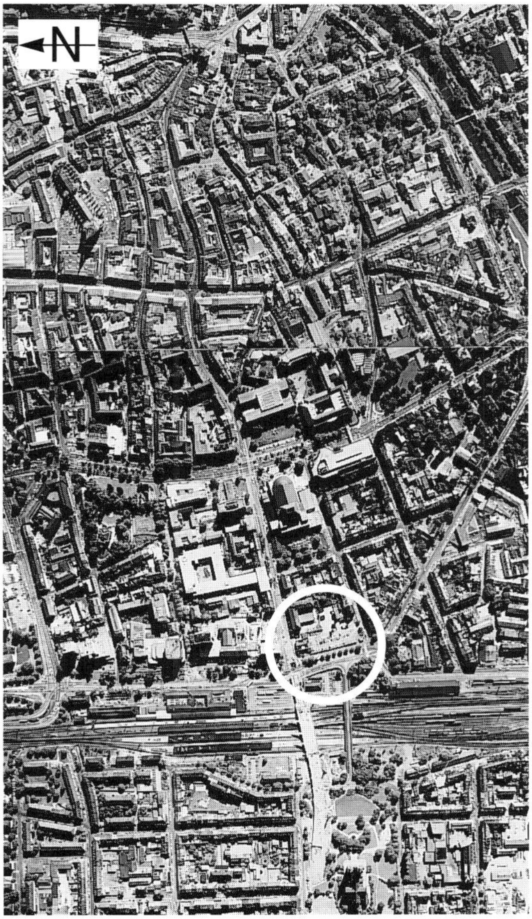

Der Konzerthausstandort im Stadtgebiet (Abb. 97)

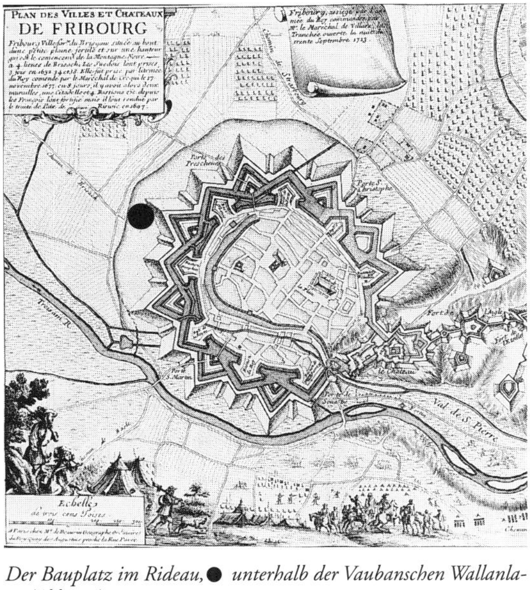

Der Bauplatz im Rideau,● unterhalb der Vaubanschen Wallanlage (Abb. 98)

bot war das südliche Eckgrundstück Bertoldstraße/Bismarckallee. Darauf bauten jetzt die Bemühungen um eine Verwirklichung des Projekts auf.

Die Stadtbahnbrücke wurde mit Anfang der 80er Jahre gebaut. Es war abzusehen, daß die Bundesbahn ihr Gelände neu organisieren und endlich einen Bahnhofsneubau ins Auge fassen mußte. Damit kamen zwingend weitere Flächenreserven der Bahn zur Bebauung. Dieser Prozeß mußte aber zunächst zum Laufen gebracht werden. Die Stadt hatte bis zur Lösung der Aufgabe mit den verschiedensten Entscheidungsträgern der Bahn jahrelang zu verhandeln. Ein regionaler Busbahnhof sollte ebenfalls schnellstens angelegt werden. Alles wies darauf hin, daß sich das Bahnhofareal an der Bismarckallee zum zentralen Verkehrsknoten der Stadt herausbilden würde. Das Konzerthaus in dieser Stadtlage war das Projekt, das als qualifizierter städtischer Beitrag die geeignete Initialzündung geben konnte, um eine neue Bahnhofskonzeption der Deutschen Bundesbahn für Freiburg mit umfangreichen Folgeeinrichtungen auszulösen und damit die Innenstadt über den heutigen Ring hinaus mit einem neuen Dienstleistungsbereich, dem Westring an der Bahn, zu erweitern.

Das städtische Eckgrundstück Bertoldstraße/Bismarckallee öffnet den Zugang zur Stadt und führt über Theater und Universität zum Stadtkern. Eine markante Bebauung stärkt damit die aus dem Stadtkern zum Bahnhof herausführende Bertoldstraße und ist in der Lage, die Unterstadt an den Ausbaustandard der Innenstadt heranzuführen. Ein weiterer Vorteil dieses Baugrundstücks besteht darin, daß es an der äußeren westlichen Bauflucht der Innenstadtblocks liegt und bebaut den mit Bahn, Bus oder Stadtbahn Kommenden als deutlicher Stadtrand gegenübertritt. Insofern läßt sich auf diesem Baugelände ein Gebäude mit einer Prospektwirkung nach Westen als Einführung zur Innenstadt errichten. Es kann stadtgliedernd und repräsentativ die Aufgabe erfüllen, die im Städtebau sehr oft von zeichenhaften Torbauten zwischen zusammenhängend bebauten Stadtteilen übernommen wird.

Die Anlage des Bahnhofs ist beim Eisenbahnbau durch das „Rideau", eine um 1700 von Vauban angelegten Überflutungsrinne vor den Westbastionen der Stadtbefestigung, bestimmt worden. Nur diese Tieflage war in der Mitte des 19. Jahrhunderts von der badischen Staatsbahn unter Inkaufnahme teurer Geländeeinschnitte in Zähringen und St. Georgen erreichbar. Die Einbettung des Bahnhofbereichs im Stadtboden erlaubte es, dort ein großflächiges und wegen der Konzertnutzung auch hohes Gebäude anzulegen, das sich gut in die Stadtsilhouette einfügte, ohne als eigenwillige Bauleistung kommunaler Selbstdarstellung zu erscheinen. Der Bau sollte von seiner Architekturqualität, nicht seinem Volumen überzeugen.

Der Gemeinderat stimmt der Aufgabendefinition der „KTS" Projektstudie zu

Der Standortvorschlag der Stadtbau wurde mit dem Rathaus, insbesondere der Bauverwaltung, abgestimmt und mitgetragen. Ein vom Programmplaner Dr. Wever überschlägig ermittelter Entwurf ergab, daß dieses Grundstück im damaligen Zuschnitt für die kleinere Saalvariante mit 1600 Plät-

Der Vorschlag der Stadtbau, der mit einem Testentwurf der Architekten Hecker und Saß die Erfüllbarkeit des Konzerthausraumprogramms auf dem neuen Standort nachweist. 1984 (Abb. 99)

zen und Restaurant, sowie ca. 400 Tiefgaragenplätzen ausreichte. Auf dieser Basis wurde der Raumkatalog für eine Kultur- und Tagungsstätte aufgestellt und die Freiburger Architekten Hecker und Saß, die aus den Vorarbeiten das Projekt kannten, mit einer Vorplanung beauftragt. Die im Februar 1984 vorgelegte Projektstudie zeigte diese Vorstellungen in Bauform übersetzt, die bereits verschiedene Elemente des heutigen Neubaus enthielt.[9] In der Mitte der dominierenden Westfront lag zwischen den bahnüberspannenden Brücken der Schwerpunkt der Anlage mit einem nach außen erkennbaren Saal, von wo aus die Stühlinger Kirche die Blickbeziehung aus dem Haus nach außen bestimmte. Vor das Gebäude war ein hoher Kollonadenbau vorgestellt. Das in einem zweiten Abschnitt zu bauende Hotel lag in der Verlängerung der Hans Sachsgasse.

Die wichtigste Aufgabe der Studie bestand zunächst darin, der Landesverwaltung und dem Gemeinderat ein verläßliches Konzept anhand zu geben, aufgrund dessen die in Aussicht gestellten Zuschüsse verifiziert werden konnten. Die Stadtbau konnte eine Planung vorstellen, die abgestimmt mit der Stadtspitze, Bauverwaltung und Kultur- und Verkehrsamt die Kultur- und Tagungsstätte beschrieb. Sie schlug für das Projekt einen Standort auf einem stadteigenen Gelände vor. Grundlage des detaillierten Raumprogramms waren die für den Zuschußgeber wichtigen drei Grundfunktionen des Hauses: die Konzert-, die Tagungs- und die bürgerschaftliche Nutzung. Auf Basis November 1983 wurde für die Anlage ein Baupreis von rund 80 Millionen DM geschätzt. Die Studie ging davon aus, daß das Haus von der Freiburger Stadtbau als Bauherr errichtet und finanziert, sowie von der Kultur-, Tagungs- und Ausstellungs GmbH betrieben werden sollte. Im März 1984 legte der Oberbürgermeister das Konzept dem Gemeinderat vor.[10] Dieser beschloß eine Kultur- und Tagungsstätte nach den Erläuterungen der Projektstudie auf dem vorgesehenen Gelände unter Vorbehalt einer endgültigen Finanzierung und einer gesicherten Förderzusage des Landes.

Der Gemeinderat beschließt einen Architektenwettbewerb

Mit dem Votum des Gemeinderates war die Aufgabe gestellt, die Finanzierung des neuen Konzerthauses zu erarbeiten. Die Projektstudie hatte dem Land die städtische Bauabsicht nach Art und Umfang konkret erläutert.

Entsprechend dem Gespräch der im Rathaus im November 1983 in Aussicht gestellten Förderung wurden jetzt im Zweiergespräch die Verhandlungen in Stuttgart auf eine Landesförderung wieder aufgenommen. Der Ministerpräsident löste gegenüber dem Oberbürgermeister seine Zusage ein. Noch im gleichen Monat des Gemeinderatsbeschlusses kam von Stuttgart der Ministerratsbeschluß, der die Landeszusage über 30 Mio. DM aufgrund der Projektstudie bestätigte. Unmittelbar nach dem Jahreswechsel 1984/85 erfolgte von der Landesregierung die detaillierte und für den künftigen Betrieb bestimmende Bestätigung der 30

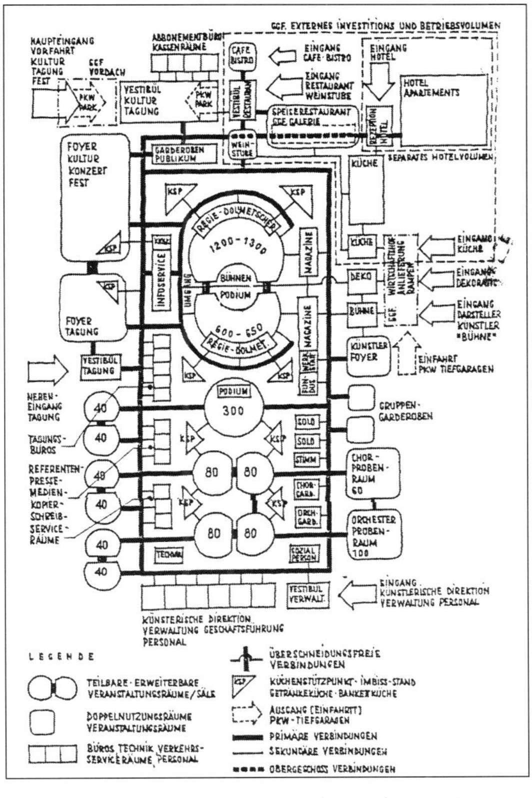

Funktionsschema des Konzerthauses nach Gutachten Dr. Wever. 1985 (Abb. 100)

Millionen DM Fördergelder und ihre Sicherung im Landeshaushalt.[11] Danach standen 12 Millionen DM Theatermittel, 10 Millionen DM durch das Stadtqualitätsprogramm und 8 Millionen DM aus der Fremdenverkehrsförderung zur Verfügung. Die Ausgangsbasis war damit abgesteckt. Zur Erfassung der finanziellen Auswirkung des Hauses mußten die Herstellungskosten geschätzt und ein Veranstaltungsplan mit Einnahmeprognose aufgestellt werden. Dieser war auf eine realistische Bedarfsanalyse aufzubauen. Noch vor der Sommerpause 1984 wurden Gutachteraufträge über Marktchancen und Wirtschaftlichkeit einer Kultur- und Tagungsstätte in Freiburg den am Projekt bereits tätigen Tagungsplanern Dr. Klaus Wever und Firma Kultur- und Congreßbau-Consult erteilt. Die Stadtbau setzte sich das Ziel, nach einem Jahr dem Gemeinderat eine darauf aufbauende Vorlage zuzuleiten.[12]

Die Untersuchungen kamen zu folgendem Ergebnis. Eine Befragung bei den Betreibern der sieben größten Versammlungsräumen in Freiburg ergab die Zahl von 86 kulturellen, 35 bürgerschaftlichen und 27 Tagungsveranstaltungen, deren Vorstellungen im vorhandenen Raumangebot nach Aussage der Vermieter und Veranstalter nur unbefriedigend abgedeckt waren und die an einer Verlagerung interessiert waren. Die Argumente von Kultur- und Verkehrsamt beim Vorgängerprojekt wurden nochmals bestätigt. Neben dieser Bestandsbeschreibung wurden die Marktchancen von Freiburg für Tagungsveranstaltungen untersucht. Anhand eines differenzierten Kriterienkataloges ließ sich aufzeigen, daß die Chancen der Stadt in der Bundesrepublik als sehr gut bezeichnet werden mußten. Freiburg rangierte nach einer Reihe großer Großstädte im wesentlichen von Landeshauptstädten ganz vorn und könnte nach dieser Betrachtung vom gesamten Tagungsmarkt etwa 160 Tagungen pro Jahr anziehen. Andererseits wurde das vorhandene Saalangebot in wesentlich kleineren Städten im eigenen Bundesland wie Offenburg, Friedrichshafen oder Ulm weit übertroffen. Die Untersuchung war auf die Festlegungen des Raum- und Nutzungsprogramms aufgebaut, die nun für die weitere Projekterarbeitung bindend wurden.

Die Konzeption der Projektstudie wurde übernommen, der große Saal aber bedarfsbedingt auf eine Größe von 1800 Plätzen gebracht. Ein Hotel mit mindestens 175 Betten sollte als Folgeprojekt unmittelbar zeitlich anschließend von dritter Hand errichtet werden, weshalb der Gutachter die Einbeziehung des Turennegeländes empfahl. Das Nutzungsprofil legte für lokale kulturelle oder gesellschaftliche Nutzungen 60 %, für Tagungsveranstaltungen 40 % der Veranstaltungen pro Jahr fest, und stellte damit hohe Anforderungen sowohl an die Akustik wie auch an eine mobile Saaltopografie. Damit ließ sich das Projekt soweit definieren, daß ein die Raumzusammenhänge und Raumgrößen darstellendes Programm entwickelt werden konnte. Auf dieser Grundlage wurden die Herstellungskosten auf 70,5 Millionen DM Basis 1985 geschätzt. Bis zum damals vorgesehenen Eröffnungsjahr 1991 waren, basierend auf die damals aktuellen niedrigen Steigerungsraten, daraus hochgerechnet 76,5 Millionen DM brutto der Finanzierung zugrunde zu legen.

Immer wieder wurde die Frage der volkswirtschaftlichen Wirkung des Vorhabens der KTS angesprochen. Das wirtschaftswissenschaftliche Forschungsinstitut der Universität Bamberg hatte auf diesem Gebiet mit der Abschätzung stadtwirtschaftlicher Folgewirkungen bei betrieblichen Ansiedlungen in Bayern Methoden entwickelt, die auf die Freiburger Situation anwendbar waren. Eine von Professor Friedrich, Bamberg, im November 1985 vorgelegten Modellrechnung ermittelte ein Ausgabenpaket der auswärtigen Tagungsbesucher von 40,6 Millionen DM/a. Der zu erwartende Beschäftigungseffekt verursachte im Modell eine Zunahme von 403 Arbeitsplätzen dauerhaft, der Effekt der Bauphase lag verständlicherweise höher.[13]

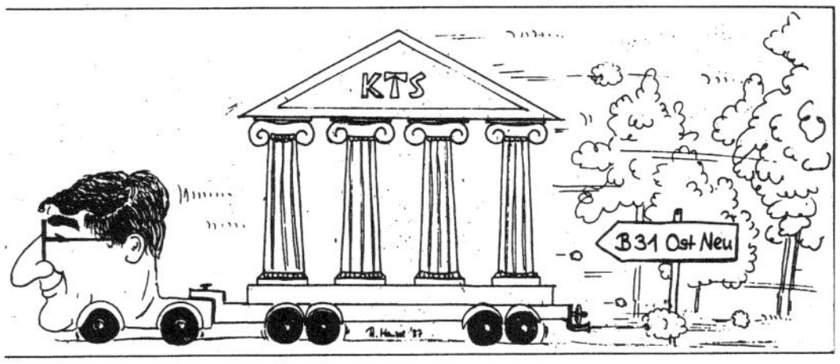

„Wunsch des OB zum Jahreswechsel. Mit Kultur- und Tagungsstätte und B 31 kann's nicht schnell genug gehen" BZ-Karrikatur. 1986/87 (Abb. 101)

Als abschließender Arbeitsschritt war für die geschätzten Herstellungskosten, gemindert durch die Zuschüsse, eine Finanzierung zu erarbeiten. Durch die persönliche Initiative des Oberbürgermeisters wurde eine günstige Eigenkapitalbildung für die Stadtbautochter Kommunalbau als Bauherrin erreicht. Die von Dr. Böhme als „intelligente Finanzierung" dargestellte Lösung wird noch heute in den Beratungen des Verwaltungs- und Finanzausschusses der Stadt gerne zitiert. Die Investitionssumme von 76,5 Millionen DM zog Kapitalfolgekosten inklusive Abschreibung von nur 2,6 Millionen DM/a nach sich. Das geplante Projekt als Testentwurf, die Gutachteraussagen und die vorgeschlagene Finanzierung auf Basis der Landesförderung wurden am 12.11.85 vom Gemeinderat [14] mit 2/3 Mehrheit beschlossen. Mit dem Beschluß war die Aufforderung an die Stadtbau verbunden im Zuge der weiteren Projektentwicklung einen Wettbewerb durchzuführen. Danach sollte die baureife Planung dem Gemeinderat vorgelegt werden.

Engagement Freiburger Bürger

Das Schiff nahm Fahrt auf. Die Vorlagen der Stadtbau wurden nicht nur im Gemeinderat diskutiert. Die Medien nahmen das Thema auf und stellten die verschiedenen Aspekte des Konzerthauses dar. Der großen Mehrheit, mit der der Gemeinderat die weitere Planung beschlossen hatte, entsprach die grundsätzlich positive Haltung vieler gesellschaftlicher Gruppen. Diese äußerte sich auch deutlich in Beiträgen von Musikveranstaltern,

Briefkopf des Fördervereins für das Konzerthaus (Abb. 102)

Behörden oder Tagungsorganisatoren, etwa aus dem Bereich der Universität, Bürgervereinen oder von Vertretern berufsständischer oder wirtschaftlich orientierter Verbände. Die Unterstützung kam von den verschiedensten Schichten. Auch der Deutsche Gewerkschaftsbund befürwortete in mehreren Erklärungen das Konzerthausprojekt.[15] Auf einer Podiumsdiskussion mit Befürwortern im Oktober 1984 machte Prof. Egel den Vorschlag ein Bürgerforum für das neue Haus zu gründen.[16] Er hatte entsprechende Erfahrungen in Frankfurt beim umstrittenen Wiederaufbau der Oper gesammelt. Gemeinsam mit ihm wurde in seinem Haus in Müllheim die Grundzüge eines Statuts festgelegt, und er war es, der dabei dem Förderverein, damit aber auch dem Förderobjekt konsequent den Namen „Konzerthaus" gab. Die vom Verein eingeführte Namensgebung „Konzerthaus" setzte sich für das Gebäude erst in der Bauphase durch. Bis dahin blieb es bei dem wegen der verschiedenen Funktionen des Hauses gewählten Arbeitstitel „Kultur- und Tagungsstätte". Dieser Begriff geriet schnell unter Kürzeldruck und beherrschte als „KTS" die Beschlußphase des Hauses. Der „Förderverein Konzerthaus" stand jedem Bürger offen und wurde bald zum Sammelbecken der Befürworter – anfangs auch von Gegnern, die sich dann langsam wegen der unbeirrbar hoffnungsvollen Grundstimmung des Vereins zurückzogen. Trotz der Zuversicht im Lager der Konzerthausanhänger

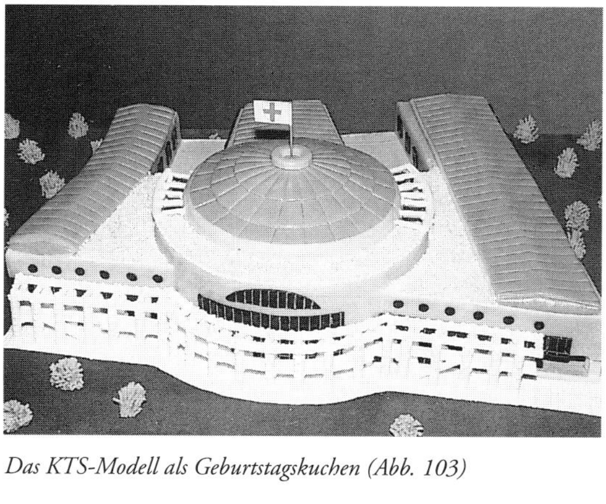

Das KTS-Modell als Geburtstagskuchen (Abb. 103)

war nicht zu übersehen, daß viele Freiburger keine konkreten Vorstellungen über die künftige Rolle der Stadt im kulturellen und wirtschaftlichen Gestaltungsfeld hatten und damit das neue Haus schlecht einordnen konnten. Auch wenn Marktfrauen dem Oberbürgermeister zu seinem 50. Geburtstag am 6. August 1984 eine Marzipantorte in Form der „KTS“ im Maßstab 1:100 schenkten, war den am Projekt Beteiligten klar, daß die weitere Entwicklung kein Zuckerschlecken sein würde.

Protest artikuliert sich

Schon die Diskussion um die Bahnüberbauung hatte 1980 zur Gründung einer Gegenbewegung im Stühlinger Löwenkeller unter dem Namen „Bürgerinitiative gegen das Kongreßzentrum“ geführt. Das Projekt hatte sich inzwischen zwar grundlegend verändert, trotzdem ging im Juli 1985 aus diesem Kreis unter gleicher Namensgebung die

Briefkopf der Bürgerinitiative gegen das Kongreßzentrum (Abb. 104)

Initiative neu hervor.[17] Noch im gleichen Jahr wurde der Vorstand ausgewechselt. Das erklärte Ziel der Gruppierung bestand darin, die Diskussion auszudehnen und gegen das Projekt Unterschriftaktionen zu starten. Mit offenen Briefen, Interviews und Veranstaltungen wurde die Öffentlichkeit angesprochen. Sämtliche Gruppierungen der „Szene“ unterstützten die Initiative, die schnell stadtweit an Gewicht gewann. Aber anders als noch zu Beginn der 80er Jahre war die Bewegung jetzt zwar in der Argumentation immer noch fundamental ablehnend aber werbend, meist höflich auf eine Begegnung mit dem Bürger ausgerichtet. Wenn in Verbindung mit dem Konzerthaus krawallierende Gruppen auftraten, waren sie nicht ungefährlich aber zahlenmäßig klein, und sie beherrschten nicht mehr die Straße. Dies war kein Freiburger Phänomen. Die neue Linke war 1968 eine geschlossene Bewegung. Hinter den Themen Vietnam, Atomkraft und Natodoppelbeschluß sammelte sich eine breite Schicht kritischer Jungwähler, meist Studenten, die aber, als die Aktualität dieser Themen erschöpft war, zunehmend an innerem Zusammenhalt verlor. Auf der einen Seite bildeten sich Kräfte aus, die das Ziel hatten, konkrete politische Ziele demokratisch zu verwirklichen. Daneben gab es, wenn auch zunehmend isoliert, Gruppierungen, die bereit waren, gewaltsam gegen Sachen und Personen vorzugehen. Was auf Bundesebene zu beobachten war, spielte sich auch nun lokal, in weniger ausgeprägten aber durchaus in der Struktur sehr ähnlichen Grundmotivationen ab. Die Szene registrierte ihre eigene innere Divergenz deutlich. Die alternative „Stadtzeitung“ klagte schon 1985. „Mit einer Bruchlandung endete die Politik des Wartens auf den großen Knall. Die Kapitalistische Stadtumgestaltung geht rasant weiter – das Kongreßzentrum und der Umbau der Bismarckallee stehen bevor. Die gewachsene Tradition Dreisameck-Schwarzwaldhof ist endgültig zerbrochen. Diskussionen ‚Wie stelle ich mir das neue AZ vor‘ endeten nur in abstraktem Gesabber.“[18] Die Aufspaltung der alternativen Bewegung war letzten Endes das Ergebnis einer wachstumsbedingten Spezialisierung ihrer Träger. Manche akzeptierten die demokratischen Spielregeln und machten auf dieser Basis Politik, ein kleinerer Teil, dessen Einfluß aber weiter zurückging, zeigte nach wie vor chaotische Züge. In dieser Situation wurde die basisdemokratische Mobilisierung der Bevölkerung eine Klammer für die Gruppierungen der „Szene“. Die Verhinderung des Konzerthauses übernahm die Rolle eines gemeinsamen Kampfziels.

Konstruktive Hilfen

Die versachlichte Haltung der alternativen Bewegung war aber auch das Ergebnis einer von der Stadt betriebenen Aussöhnungspolitik speziell im Sanierungsgebiet „Im Grün“, die nun anstelle der Konfrontation der späten 70er Jahre zu partiellen Befriedungen beitrug. Bereits 1983 wurde für den „Arbeitskreis Alternative Kultur“ der Einstieg und für das „Gebrauchtwarenlager“ der Verbleib in der Grether Fabrik ermöglicht. Die Besetzung des Lagergebäudes durch den „Lagerini Kindergarten“ wurde ab 1984 offiziell von der Stadt geduldet und der Kindergarten in die Förderung aufgenommen. Das legendäre „AZ“ kam 1985 im ehemaligen Riegeler Brauereiareal im Grün, die „KITA“ im Grether Bürogebäude unter. Die verkaufsbedingt drohende Räumung der alternativen Mieter der Spechtpassage wurde durch deren eigene Initiative im darauf-

Die vieldiskutierte Grether Fabrik (Abb. 105)

folgenden Jahr abgewendet. Die Liste ließe sich in den Folgejahren mit weiteren Projekten, wie Stadtzeitung oder Radio Dreyeckland [19] fortsetzen. Generell wurde ernsthaft versucht, mit der alten „revolutionären" Zielsetzung sich auf „Besitz" und seine Spielregeln einzulassen – allerdings zu günstigen Einstiegsbedingungen der Stadt. Was dieses Experiment bringt, bleibt abzuwarten. Mit einer gewissen Skepsis äußerte sich ein Vertreter der Baukooperative: „Die Bodenpreissteigerungen sind nämlich eine totale Versuchung, gerade wenn der idealistische Schwung der Gründerjahre den Bach runtergegangen ist." Diese sympathische Distanz zur eigenen Sache bewirkte eine soziale Selbstbindung der neuen Hausbesitzer, die sie sich für den Fall eines möglichen Weiterverkaufs der Grundstücke auferlegte.[20] Als Sanierungsträger war für Fälle nicht kostendeckender Maßnahmen die Stadterneuerungsgesellschaft, eine Stadtbautochter, für die Subventionierung der Maßnahmen eingesetzt. Es gab aber keine gewinnbringenden Fälle. Die dauernd unrentierlichen Kosten betrugen für die Sanierung im Grün mit Verlagerung und Erschließung 24 Millionen DM. Mit der Zeit und zunehmender Behaustheit schwächte sich Mitte der 80er Jahre die radikale Linie der alternativen Wohn- und Kulturform langsam ab. Der politische Gewinner des 68er-Protests waren nicht Parteien mit sozialer Ausrichtung auf die Arbeiterschaft, sondern eindeutig die Grünen. In der Landtagswahl 1984 errangen sie 8 %, in Freiburg 15,7 %. Im gleichen Jahr wuchs ihre Fraktion bei der Kommunalwahl von 4 auf 9 Gemeinderäte. Je mehr die Bewegung sich konsolidierte und chaotische Formen ablegte, desto mehr wurden alternative Vorstellungen gesellschaftsfähig. Die Frage nach den „Ressourcen" löste ein immer sensibler werdendes Umweltbewußtsein in der Bevölkerung aus, und es wurde bereits Ende der 70er Jahre bei jungen Eltern Mode, sich „antiautoritär" von den Kindern mit Vornamen anreden zu lassen. Der Bürger nahm neue politische Gedanken auf, aber er zwang auch die Bewegung ins System. Langsam fügte sich die außerparlamentarische Opposition in staatsbürgerlich parlamentarische Formen.

Freiburg morgen

Was bedeutete das für das Freiburgprojekt Konzerthaus? Würde die kommunalpolitische Diskussion, auf die das Pro- und das Kontralager letzten

Freiburg in einer sich auflösenden Inversionswetterlage (Abb. 106)

Endes zulaufen mußte, die Zukunft der Stadt mit These und Antithese sogar qualifizierter erkennen, als das eine vom Rathaus allein betriebene Planung es je könnte? Gerade darin hätte eine besondere Chance bestanden. Um diese Diskussion anzustoßen, gab die Stadtbau eine Untersuchung bei der Basler „Stiftung für Zukunftsgestaltung“ unter Leitung von Hartmut Arras in Auftrag. Im Juni 1986 lagen zwei soziokulturelle Szenarien vor, die mit „Inversion“ und „Überwindung“ denkbare Zukunftsentwicklungen [21] von Freiburg beschrieben. Die Möglichkeiten wurden wertfrei nebeneinander gestellt. Die Szenarien gingen in jedem der Fälle von der Realisierung des Konzerthauses aus, so daß das Projekt nicht als Ursache einer der beiden Entwicklungsrichtungen gesehen werden konnte. Die Zukunftsentwürfe sind bereits Vergangenheit und lesen sich in Details gerade deshalb heute mit besonderem Vergnügen. Die „Inversion“ beschreibt eine Stadt, die um die Jahrtausendwende viele Positionen verloren, aber trotz einer gewissen Enge an Lebensqualität nichts eingebüßt hat. Die „Überwindung“ schildert ein dynamischeres Freiburgbild. Die Szenarien wurden in der Bürgerschaft mit Interesse aufgenommen. Sie forderten von jedem Leser eigene Phantasie für die eigene Stadt und belebten die kommunalpolitische Diskussion. Darauf gingen die Contra-Vertreter nicht ein. In einer Sammlung von „Texten“ für eine Versammlung im Paulussaal im Oktober [22] wurde die „Überwindung“ als das Entwicklungsziel der Stadtverwaltung interpretiert. Dieses Szenario hatte trotz der positiven wirtschaftlichen Entwicklung junger Unternehmer auch Armut der neuen Gesellschaft vorausgesehen. Die Projektgegner kamen daher zu dem Ergebnis: „Deshalb kann nur gemeinsamer Widerstand die breit angelegte Angriffslinie der Stadt abwehren.“ Nur wenn beide Seiten sich auf die zum Konkreten zwingenden Spiel der Szenarien einließen, konnten griffige Visionen der kommenden Jahre entstehen. Der Rückzug ins Grundsätzliche brachte keine Klärung. Eine Erklärung dazu gibt der Gründer der „Bürgerinitiative gegen das Kongreßzentrum“ in seinem akademischen Bericht über die Arbeit und Motive der Initiative: „Meine Idee, eine Bürgerinitiative gegen das Kongreßzentrum zu gründen, beruhte nicht auf einem besonderen Interesse an diesem Objekt. Vielmehr wurde ich durch die Beschäftigung mit dem Rechtsinstitut des Bürgerbegehrens auf die Idee gebracht... über ein Bürgerbegehren die Freiburger Bevölkerung zu politisieren.“ [23] Das Interesse lag darin, das Basisdemokratieverständnis der Bürger zu wecken und nicht in einem möglichst gegenständlichen und differenzierten räumlich-funktionalem Zukunftsbild der Stadt.

OMNIBUS FÜR
DIREKTE DEMOKRATIE
IN DEUTSCHLAND

Der Omnibus für direkte Demokratie in Deutschland geht zurück auf eine Initiative des Künstlers Joseph Beuys. Der Bus stand während der Diskussion um den Bürgerentscheid in Freiburg auf dem Augustinerplatz (Abb. 107)

Die Pro-contra-Diskussion führte zunehmend auch in der Stadtbevölkerung zur Parteinahme. Das Konzerthaus wurde zu einem zeichenhaften Phänomen, mit dem stadtbestimmend eine Aussage über das Freiburg von morgen in Bauform installiert wurde. Auf der Pro-Seite sammelten sich Bürger, die einen engen Bezug zu ihrer Stadt hatten, der für sie durchaus in Form einer repräsentativen Gemeinschaftseinrichtung wie dem Konzerthaus handfest Gestalt annehmen sollte. In ihm dokumentierten sich bewährte Werte, wie Kultur, Kommunikation und Markt. Das war schließlich auch die Aufgabe der kriegszerstörten Festhalle im Stadtgarten gewesen. Dem gegenüber stand die alternative Szene. Für sie standen weniger konkrete Bindungen und Projekte als Vorbehalte gegen eine mit Skepsis betrachteten marktwirtschaftlich orientierten Gesellschaft im Vordergrund. Von daher dominierten für sie in ihrem Freiburgbild mehr Prävention als Realisierung, mehr der Schutz vor Umweltzerstörung und kapitalistischer Fremdbestimmung als das städtische Gemeinschaftshaus.

Der zweistufige Architektenwettbewerb

Mit positiven aber durchaus auch ablehnenden Begleittönen war das Konzerthaus seit seinen Anfängen gut vorangekommen. Der Gemeinderat hatte den Bau mit dem Auftrag zur weiteren Bearbeitung zweimal nachdrücklich beschlossen. Wie angefochten das Projekt war, zeigte aber der als nächster

„Unverdauliches Hauptgericht" Karikatur der Badischen Zeitung. Mai 1986 (Abb. 108)

Schritt durchzuführende Architektenwettbewerb. Die im Mai 1986 veröffentlichte Leistungsbeschreibung [24] mußte ausschließen, daß allzu genialische Entwürfe, die in der Ausführung große Kostenrisiken mit sich brachten auf die vorderen Plätze kamen. Deshalb war der Beschrieb recht detailliert und legte die vom Gemeinderat beschlossene 70 Millionen Grenze als Entwurfskriterium fest. Außerdem mußte bei dem öffentlichen Interesse der das Haus begleitende Gemeinderat im Preisgericht angemessen vertreten sein. Drei prominente Preisrichter kündigten mit Theaterdonner ihre Mitarbeit wegen Überbesetzung der Jury und zu einengender Wettbewerbsbedingungen auf, ohne Verständnis für die kommunal-politische Brisanz des Projekts, in dessen Zustimmung oder strikten Ablehnung sich die Bürgerschaft zu spalten drohte.[25]

Die gleichen Leute, die die Kostenfrage vorher und seitdem problematisierten, waren sich sofort mit den ausscheidenden Juroren in ihrem Urteil über die allzu restriktiven Forderungen der Stadtbau einig. Die Zusage von Professor Linde in eine der freiwerdenden Positionen einzutreten, brachte dann bald wieder Ruhe in den weiteren Gang der Verfahren. Der Wettbewerb sah zweistufig einen Vorlauf als Ideenwettbewerb für städtebauliche Vorschläge und einen zweiten Teil für die Projektrealisierung vor. Der Zulassungsbereich umfaßte alle Büros in Baden-Württemberg. Weitere acht Teilnehmer aus dem Bundesgebiet, sowie aus den im nahen Ausland benachbarten Städten Basel, Innsbruck und Straßburg waren eingeladen worden.

Die Abgabe der ersten Stufe war auf September 1986 festgelegt. Nach langen Vorgesprächen, der Oberbürgermeister und der Baudezernent hatten mit drei dienstzeitlich aufeinanderfolgenden Bundesbahnpräsidenten zu verhandeln, erzielte die Stadt in den Absprachen mit der Bundesbahn einen Durchbruch [26] über die Planung der Bismarckallee. Ein neues Empfangsgebäude kam in greifbare Nähe. Die Bahn war bereit, den Parkplatz südlich des Bahnhofs an die Stadt zu veräußern gegen die Forderung, daß für die entfallenden Plätze in einem neuen Parkhaus Ersatz geschaffen wurde. Dies führte zu planerischen Konsequenzen für den gesamten Bahnhofs- und Konzerthausbereich. Wesentlich waren für das Stadtbauprojekt vor allem die freieren Gestaltungsmöglichkeiten für den

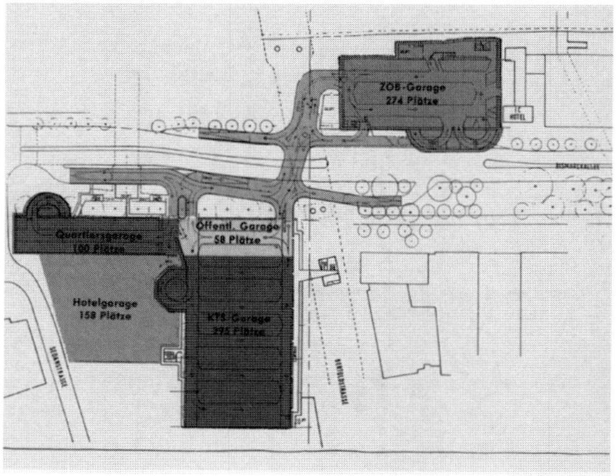

Die Tiefgaragen im Nahbereich des Konzerthauses bieten Platz für rund 900 Stellplätze (Abb. 109)

Konzerthausvorplatz und die Ausdehnung der Parkierungsfläche unter dem Konzerthaus über eine jetzt denkbare neue Bahnhofsgarage bis zur zentralen Bahnsteigunterführung. Diese Möglichkeiten mußten unter allen Umständen genutzt und die größere Vorfläche als zusätzliche Gestaltungsaufgabe in das Programm des bereits laufenden Ideenwettbewerbs aufgenommen werden. Die neuen Bedingungen wurden den interessierten Teilnehmern mitgeteilt und der Abgabetermin um sechs Wochen verschoben. Die Feinkorrekturen des Wettbewerbsverfahrens waren aufmerksam registriert und bis in die Fachpresse hinein unterschiedlichst, meist sehr kritisch kommentiert worden. Mit Freude konnte daher von der Stadtbau ein sehr lebhaftes Interesse der zugelassenen Architekten an der Aufgabenstellung registriert werden. Zum Abgabetermin waren 37 gültige Arbeiten eingereicht worden.

Städtebauliche Wettbewerbsvorschläge

Die 1. Wettbewerbsstufe suchte nach Lösungsansätzen für die Architekturform und städtebauliche Einbindung des Konzerthauses. Die Einflußzone reichte ja vom Bahnhofsbereich bis zum Stadttheater. Selbst für den ehemaligen Europaplatz, wie auch für den Umbau der Bismarckallee und die angeschlossenen Parkhäuser, forderte die Aufgabenstellung Gestaltungsvorschläge. Das Preisgericht unter Vorsitz von Professor Horst Linde zeichnete im November sechs Arbeiten ohne Festlegung einer Reihenfolge aus und entschied für den Ankauf

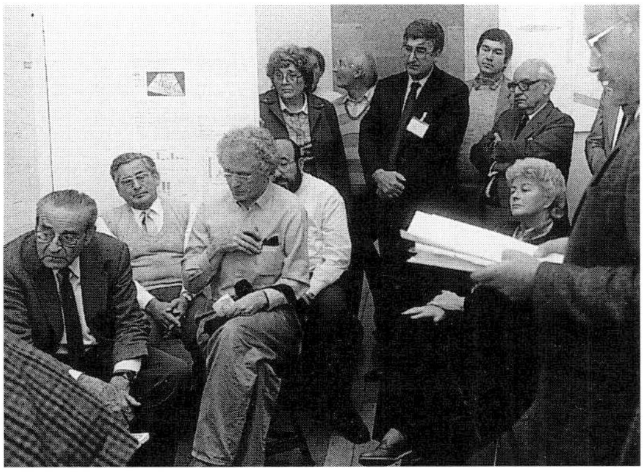

Preisgerichtssitzung 1986 (Abb. 110)

von zwei weiteren Arbeiten.[27] Preisträger waren: die Gruppe F 70 aus Freiburg, die Werkgruppe Lahr, Architekten Heckmann-Christel-Jung aus Stuttgart, Prof. Krämer-Sieverts aus Köln, Veit-Gmelich aus Geislingen und die Architekten Bangert-Jansen-Scholz-Schultes aus Berlin. Die konkurrierenden Büros hatten die verschiedensten Konstellationen durchgespielt. Die Beziehung des Konzerthauses zur Innenstadt und seine Stellung im vorgegebenen Baublock waren die Gesichtspunkte, die die Entwürfe der Teilnehmer am meisten bestimmten, wie sich an drei typischen Beiträgen ablesen läßt (siehe Seite 64).

Der Vorschlag der Freiburger Architekten Gruppe F 70 wiederholte für das Konzerthaus gespiegelt die Bauform des Theaters und erreichte dadurch, beide Gebäude als Pole nutzend, zwischen Bismarckallee und dem Rotteckring eine Großform, die das Konzerthaus mit der Altstadt direkt verknüpfte.

Besonders differenziert ging die Arbeit der Kölner Architekten Kraemer, Sieverts & Partner auf das Thema der Baufluchten ein. Kleiner Saal, Nebenräume und Hotel orientierten sich an den Baugrenzen der Bertold-, Belfort- und Sedanstraße, während der große Saal als Viertelskreis auf die Stahlbrücke und damit auf die Achse des Stühlinger Kirchplatzes einschwenkte. Zur Altstadt gerichtet bildete sich ein Eingangsplatz in der Bertoldstraße aus.

Der Entwurf Bangert orientierte sich am konsequentesten an den ehemaligen Blockgrenzen. Er stellte die wichtigsten Bauteile des Konzerthauses in die Bauflucht der Bismarckallee beziehungsweise Bertoldstraße und markierte damit scharf den Innenstadtrand nach Westen. Da der Baublock im Grundriß ein Trapez bildet, ergeben die darin eingeschriebenen rechtwinkligen Grundrißformen des großen Saales und des Hotels mit den umlaufenden Wänden des Blocks eine nach außen ruhige innen aber sehr gespannte Gruppierung. Dieser Vorschlag verzichtete auf äußere Platzbildungen.

Die vielfältigen und auch realisierbaren Entwurfsvorstellungen über die städtebauliche Orientierung des Konzerthausprojekts zusammen mit den sichtbaren Anstrengungen der Bahn zur Neuordnung der Anlagen am Hauptbahnhof machten jedermann sichtbar, daß man am Anfang einer neuen prägenden Phase der Stadtkernentwicklung stand und damit ein Stück Freiburger Zukunft konkret gestaltete. Es wurde deutlich, daß hier ein Ansatzpunkt entstand, der Kraft genug hatte das Innenstadtwachstum über die jetzige Altstadt hinaus bis zu einem neu entstehenden Westring, einem Dienstleistungsbereich am Bahnhof, gezielt auszudehnen. Ohne Zielsetzung mußte dieses Wachstum eigengesetzlich, das heißt mehr oder weniger konzentrisch erfolgen, damit den Innendruck im Kern weiter erhöhen, wie das in den vergangenen Jahren an der wachsenden Kommerzialisierung der öffentlichen Plätze in der Altstadt zu beobachten war.

Diese Vorstellungen wurden von allen Kräften des Rathauses mitgetragen. Das Konzerthaus war wegen der intensiven Verflechtung mit seinem Umfeld nur dadurch erfolgreich zu verwirklichen, daß es in den wichtigen Verkehrsfragen, der Bebauungsplanung und den begleitenden Stadterneuerungsmaßnahmen in die hoheitliche Planungszuständigkeit der Stadt voll eingebunden wurde. Insbesondere die Bauverwaltung mit ihrem Repräsentanten Dr. von Ungern-Sternberg, der auch mit der Stadtbau als deren 2. Vorsitzender verbunden war, wurde zum Dreh- und Angelpunkt in der Koordinierung der technischen, zeitlichen und bei der Verwaltung der Fördermittel auch finanziellen Aspekte der komplex aufgebauten Planungen.

Entwurf aus der 1. Wettbewerbsstufe. Architekt Saß, Gruppe F 70, Freiburg (Abb. 111)

Entwurf aus der 1. Wettbewerbsstufe. Architekten Professor Kraemer, Sieverts (Abb. 112)

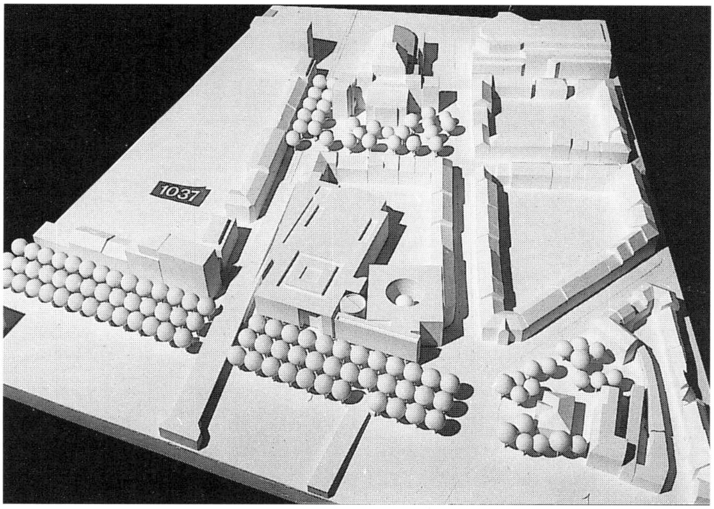

Entwurf aus der 1. Wettbewerbsstufe. Architekten Bangert, Jansen, Scholz, Schultes (Abb. 113)

Informationsbroschüre der Bauverwaltung zur Information über die Bauplanungen im Bahnhofsbereich. 1990 (Abb. 114)

Vorschläge zur Projektrealisierung

Die sechs Preisträger und ein Teilnehmer, dessen Arbeit angekauft worden war, wurden zur zweiten Stufe des Wettbewerbs aufgefordert. Es ging nun darum, die städtebaulichen Vorstellungen in Bauentwürfen zum Projekt selbst in Form und Funktion weiterzuführen. Der Auslobungstext beschrieb die Aufgabenstellungen des umrüstbaren Hauses in seiner primär musikalischen, aber auch bürgerschaftlichen und tagungsbezogenen Nutzung. Als Hauptveranstaltungsraum wurde ein Saal mit 1800 Reihenplätzen und aus akustischer Sicht einem Volumen von 10 cbm Raum pro Platz verlangt, dessen Parkettanstieg und Konzertpodium umrüstbar sein sollte. Auf die Teilbarkeit des großen Saals war in der zweiten Stufe verzichtet worden. Daneben sollte ein kleiner Mehrzwecksaal mit 300 Plätzen entstehen in räumlicher Verbindung mit einem sehr gefächerten Konferenzraumprogramm. Restaurant und Küche waren abtrennbar vorzusehen, da sie gegebenenfalls später einem gesonderten Investitionsvolumen zugeordnet werden mußten. Der Wettbewerb lief im Mai an und endete mit der Preisrichterentscheidung im November 1987,[28] die dem Berliner Architekten Bangert den ersten Preis zusprach. Die Werkgruppe Lahr und Veit Gmelich aus Geislingen waren die weiteren Preisträger. Sehr schnell setzte sich im Preisgericht die Zustimmung zum eigenwilligen Bauvorschlag Bangert durch. Der Entwurf bildete keine Innen- oder Außenräume aus, die zur Schwarzwaldkulisse, dem Münster und der Altstadt Blickbeziehungen herstellten. In der Diskussion über diesen Punkt wurde deutlich, daß sich der Entwurfsvorschlag durch diese Eigenständigkeit von der vorherrschend historisierenden Beziehung zur Altstadt, die heute von jedermann gerne vereinnahmt wird, emanzipierte, ohne den Wert der alten Bautradition in Frage zu stellen. Seine Außenarchitektur entwickelte der Bau vorwiegend nach Westen und das mit einer eindrucksvollen Geste. Vor das verglaste Gebäudefoyer stellte der Vorschlag auf die ganze Hausbreite eine große stützengetragene Vorhalle, deren Höhe innen der Deckenhöhe des Foyers entsprach. Von innen bildete die Vorhalle damit einen begleitenden Blickrahmen für die Sicht nach Westen, vor allem zur Stühlinger Kirche. Von außen erreichte der Konzerthausentwurf mit der Vorhalle eine Signalwirkung am Innenstadtrand in der Einfahrtachse des öffentlichen Verkehrs der westlichen Stadtteile, eine Wirkung, die zusammen mit der Funktion des Hauses in der Lage ist, den Innenstadtkern bis zum Bahnhof auszudehnen und diesem Wachstumsprozess auch qualitative Maßstäbe setzen kann. Der Entwurf knüpfte darin gestalterisch an die Tradition der Torbauten an und verstand sich damit zu Zeiten vorherrschend wachstumsbetonter ungeformter Stadtentwicklung und verwachsender Stadtteile als Element der Zäsur und der Stadtgliederung. Im Innern hatte das Haus die Ansätze der

BESTIMMUNG DES NUTZUNGSPROFILS DER "KULTUR- UND TAGUNGSSTÄTTE FREIBURG"				
NUTZUNGSPROFILIERUNG EINER KULTUR- UND TAGUNGSSTÄTTE IN FREIBURG		Kulturelle Nutzungen	Gesellschaftliche Nutzungen	Tagungs- Kongreß- und Seminar-Nutzungen
CHARAKTERISTIK	TEIL	LOKALE NUTZUNGEN		FREMDNUTZUNGEN
BLOCKIERTAGE	Tage Anzahl	130	84	310
	Anteil %	25 %	15 %	
		40 %		60 %
EINZEL-VERANSTALTUNGEN	Veranstaltg. Anzahl	99	77	124
	Anteil %	33 %	27 %	
		60 %		40 %

Das dem Raumprogramm zugrunde liegende Nutzungsprofil des Konzerthauses (Abb. 115)

Der erste Preis in der 2. Wettbewerbsstufe fällt an Architekt Bangert. Lageplan des preisgekrönten Entwurfs (Abb. 116)

ersten Wettbewerbsstufe weiterentwickelt. Der große Saal, der kleine Saal, wie auch der Konferenz- und Verwaltungstrakt bildeten in sich geschlossene nicht orthogonal zueinander gruppierte Baukörper, die durch die Plafonds der Foyers verbunden waren und nach dem Prinzip Haus im Haus sehr lebendige Raumfolgen entwickelten. Der große Saal wurde in Parkett, Seitentribüne und Rang geteilt, in der Ausformung aber sehr zurück genommen. Überzeugend ließ sich bei diesem Vorschlag eine große Mobilität der Zuschauerbereiche für die drei geforderten Benutzungsfälle, Konzert – Fest – Tagung, mit Hubböden für die Zuschauerbereiche ermöglichen. Diese gute Umrüstbarkeit erreichte der Saal durch die Orthogonalität, die eine gute Voraussetzung für den qualifizierten akustischen Ausbau darstellte. Seine Strenge erinnerte an frühzeitliche Formen etwa aus dem Kirchenbau. Kein Beitrag also zu einem weiteren Freiburger Barock. Dem kam eher der amphitheaterartige kleine Saal entgegen, der sich in dieser Form in einen einprägenden Gegensatz zum großen Saal stellte. Als Materialien wurden Holz, Putz und Sichtbeton für die Innenräume, außen Sichtbeton, Putz und Steininkrustation vorgeschlagen. Der Entwurf Bangert war in Form und Funktion bestechend. Die Kubatur- und Nutzflächenberechnungen wiesen ihm einen weniger günstigen Platz zu. Bei genauerem Hinsehen waren im Garagen- und Foyerbereich unwirtschaftliche Raumausbildungen zu erkennen, die zurückgenommen werden konnten. Dies erlaubte dem Preisgericht, ohne Aufgabe der entwurflichen Substanz die Bausumme mit 90 Millionen DM brutto auf der Basis der Baupreise von 1987 zu limitieren.
Der Wettbewerb war ein wichtiger Erfolg für das Projekt Konzerthaus. Der städtische Beitrag für das Freiburg von morgen war mit dem funktionalen Begriffspaar Kultur und Tagung theoretisch-inhaltlich definiert worden. Mit dem Entwurf des ersten Preisträgers stand nun eine Bauidee zur Verfügung, die diesen Anspruch auch in der Gestalt treffend formulierte. Professor Linde als Preisgerichtsvorsitzender äußerte sich nach der Entscheidung erleich-

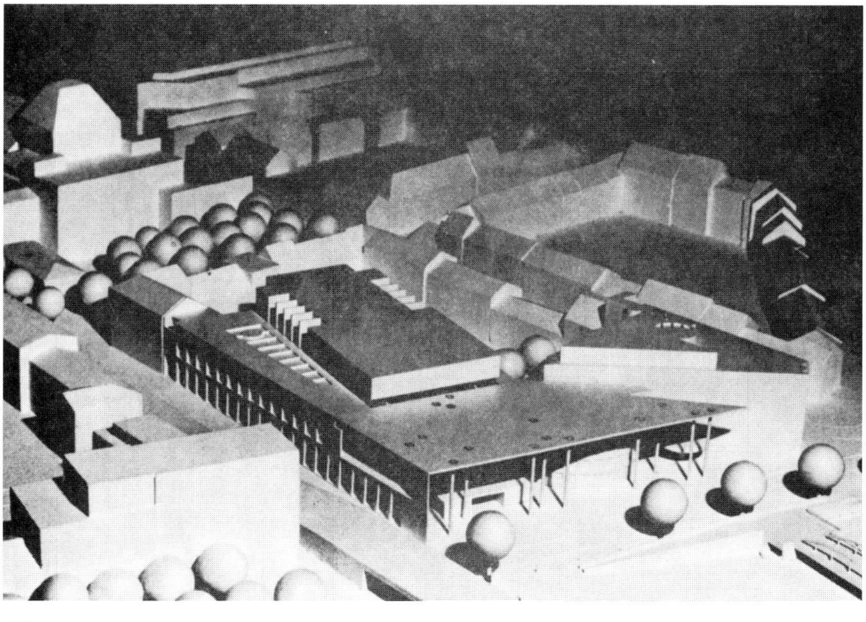

Die Erhaltung der Baublockgrenzen mit Ausbildung geschlossener Hausfronten zu Bertold- und Sedanstraße im Entwurf Bangert (Abb. 117)

Die Gliederung der Westfront unter der Vorhalle. Entwurf Bangert (Abb. 118)

Innenraum des großen Saals. Entwurf Bangert (Abb. 119)

Der Bürgerentscheid

Die verschiedenen Wettbewerbsentwürfe, besonders aber die Gestaltungsmöglichkeiten des preisgekrönten Entwurfs waren in der Öffentlichkeit auf große Resonanz gestoßen. Sie entfalteten schnell die bildhaften Planungen eigene Suggestiv-

Die Bismarckallee als Westring. Hoffnung auf Kultur und Geschäft (Abb. 121)

Professor Linde bei der Besprechung eines Entwurfs im Preisgericht (Abb. 120)

tert: „Ich spreche gerne über den Faktor des ästhetischen Elements für eine Stadt, ... die Bedeutung des sichtbaren Erlebnisbereichs. Wir wollen eine wichtige Stadt in der Region am Oberrhein sein. Das ist erreichbar mit Bauten vom Rang des Entwurfs Bangert..."[29] Am 9. Februar 1988 beschloß auf Empfehlung des Preisgerichts der Gemeinderat [30] den Vorschlag von Architekt Bangert mit 2/3 Mehrheit und sprach sich mit dem Baubeschluß für die „weitere planerische Bearbeitung und Durchführung" dieses Entwurfs aus.

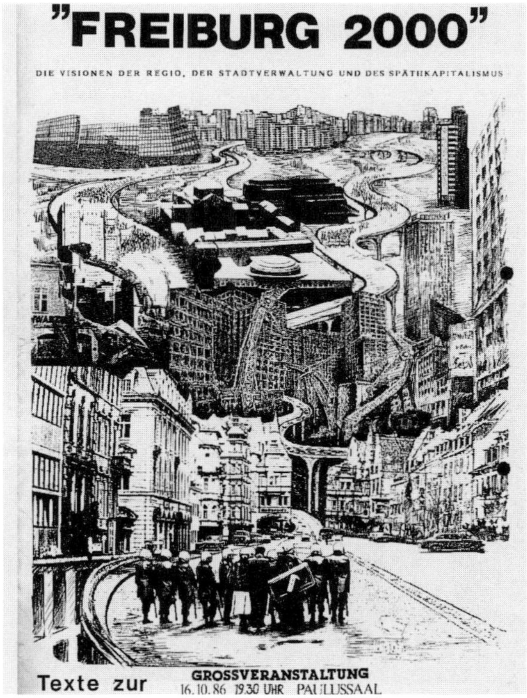

Die Innenstadt dehnt sich aus. Angst vor Überfremdung (Abb. 122)

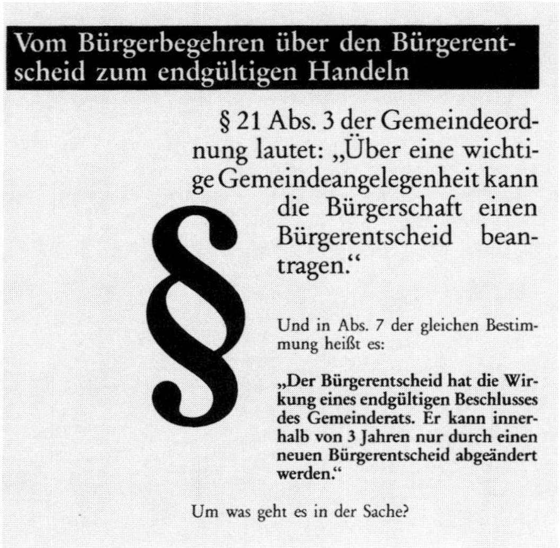

Vom Bürgerbegehren über den Bürgerentscheid zum endgültigen Handeln

§

§ 21 Abs. 3 der Gemeindeordnung lautet: „Über eine wichtige Gemeindeangelegenheit kann die Bürgerschaft einen Bürgerentscheid beantragen.“

Und in Abs. 7 der gleichen Bestimmung heißt es:

„Der Bürgerentscheid hat die Wirkung eines endgültigen Beschlusses des Gemeinderats. Er kann innerhalb von 3 Jahren nur durch einen neuen Bürgerentscheid abgeändert werden.“

Um was geht es in der Sache?

Das Recht auf Bürgerentscheid (Abb. 123)

kraft. Die Befürworter sahen das Konzerthaus schon fast verwirklicht, ähnlich die Gegner, deren Widerstand sich dadurch aber umso entschiedener formierte und artikulierte. Kam das Projekt durch? Diese Frage war völlig offen. Um das Risiko zu be-

Bürger für das Konzerthaus (Abb. 124)

grenzen, wurden von der Stadtbau zunächst sämtliche weitere Bauplanungen für das Haus eingestellt. Bereits 1985 bei der Umgründung der „Bürgerinitiative gegen das Kongreßzentrum“ war von deren Sprecher ein Bürgerentscheid als eigentliches Ziel der Initiative dargestellt worden.[31] Dieses Ziel entsprach der grundsätzlichen Skepsis gegen repräsentative Demokratie und der Absicht, Politik auch außerparlamentarisch zu organisieren. In der Praxis und der Anwendung auf das Konzerthaus entstand daraus aber unter dem Druck zur Mehrheitsfindung ein Zwang, in der Argumentation nach außen auf probat bekannte Freiburger Verhaltensweisen, wie Rückwärtswendung und ängstliches Bewahren, was sonst gerne bespöttelt wurde, zurückzugreifen. Das „Freiburg – klein aber mein“ wurde zum Wahlkampfargument. Man war nicht für die Gestaltung, sondern lieber für die scheinbar risikolose Unterlassung. Wenn ein Bürgerentscheid durchgesetzt werden sollte, mußte jetzt gehandelt werden. Der Zeitpunkt für politische Aktionen war nun nach drei Jahren ohnehin recht spät gewählt, denn der Wettbewerb zeigte die räumlich-technischen und finanziellen Bedingungen des Projekts auf und wies dessen Machbarkeit nach. Aus dem Konzerthaus war kein Wolkenkuckucksheim mehr zu machen.

Die Gegner strebten einen Bürgerentscheid an. Hierzu ist nach der Gemeindeordnung ein entsprechender Gemeinderatsbeschluß oder ein Bürgerbegehren erforderlich. Ein Gemeinderatsbeschluß hierzu kam nicht zustande.[32] Das nun anzugehende Bürgerbegehren muß in einer Stadt der Größe Freiburgs 12.000 Unterzeichner finden und sich gegen einen Gemeinderatsbeschluß zum umstrittenen Konzerthaus wenden. Diesen auslösenden Beschluß faßte der Gemeinderat mit seinem grundsätzlichen Votum vom 9. Februar 1988, nachdem das Objekt auf der Grundlage des Entwurfs von Architekt Bangert errichtet werden sollte. Gegen diesen Baubeschluß richtete sich folgerichtig das Bürgerbegehren, das 15.338 Stimmberechtigte unterschrieben.[33] Der geforderte Bürgerentscheid mußte nun die Entscheidung über die Baudurchführung bringen, soweit ein Quorum von 30 % der Stimmberechtigten also 39.567 Stimmen von einer der beiden Parteien erreicht würde. In der Pro-contra-Auseinandersetzung sahen die Befürworter als ihre wichtigsten Argumente für das Konzerthaus:

- ein Gewinn an Zentralität und einen Zuwachs an Wirtschaftskraft und Arbeitsplätzen,
- die Bedarfsdeckung für Musik-, Tagungs- und

Bürgerschaftsveranstaltungen,
• die städtebauliche Entwicklung des Bahnhofbereichs,
• eine für kulturelle Einrichtungen akzeptable Folgekostenhöhe infolge der günstigen Finanzierung.

Ganz anders sahen die Projektgegner im Konzerthaus im wesentlichen:

• ein fremdgesteuertes in der Entscheidungsfindung und der Bauform zentralistisches und gigantomanisches Vorhaben „zweimal größer als das Münster"; ein Projekt des „Späthkapitalismus",
• einen nur für untere Berufsgruppen interessanten Zuwachs an Arbeitsplätzen,
• die Verdrängung billiger Wohnungen am Innenstadtrand als Folge der Umstrukturierung des Umfelds,
• ein auf Preisbasis von 1987 mit 90 Millionen verniedlichtes Investitionsvolumen, das man besser für andere Zwecke verwenden solle.[34]

Bürger gegen das Konzerthaus (Abb. 126)

Abgabe der Unterschriften für ein Bürgerbegehren. März 1988 (Abb. 125)

Quorum verfehlt, der Gemeinderat bleibt in der Verantwortung

Die Argumente wurden immer wieder verschieden kombiniert, blieben aber auf beiden Seiten über den Zeitraum der öffentlichen Auseinandersetzung gleich. Da sich der Protest nicht auf räumliche oder funktionale Qualitäten des Projekts, sondern nur auf die Verhinderung des Vorhabens als Wahrzeichen falscher Stadtpolitik „von oben" richtete, bildeten sich zwei Lager aus, die sich recht unbeweglich gegenüberstanden. Dieses Bild zeigten auch die Bürgerversammlungen etwa im Paulussaal [35], im Seepark [36] und andere von der Stadtspitze zu leitende Diskussionsabende und Informationsveranstaltungen, die als Folge der kommunalpolitischen Debatte durchgeführt wurden, und die Gespräche am Infostand auf dem Rathausplatz. Im ersten Halbjahr 1988 wurde allein von der Stadtbau das Projekt an wöchentlich zwei Abendveranstaltungen verschiedensten Gruppierungen bis in die äußeren Stadtteile dargestellt. Die Diskussionen verliefen sehr häufig stereotyp, weckten vielleicht kommunalpolitisches Interesse, das war dann ein wichtiger Gewinn. Sie führten aber zu keiner Bewegung zwischen den Fronten und was das Konzerthaus angeht zu keiner modifizierenden Korrektur. Viele Varianten der funktionalen Zuordnung und des ökologischen Ausbaus wurden erst viel später in den Ausschüssen erarbeitet.

Die Befürworter hatten meist als Berufsgruppen, Verbände, Vereine oder Veranstalter aus dem Bereich Universität oder Musik einen direkten Bezug zum Projekt. Die Gegner artikulierten ihre Ablehnung allgemeiner, erreichten aber damit besser Ängste der Zuhörer. Die Vorwürfe der zentralistischen Gigantomanie, der Entfremdung und der Wohnraumverdrängung im Umfeld bauten auf das

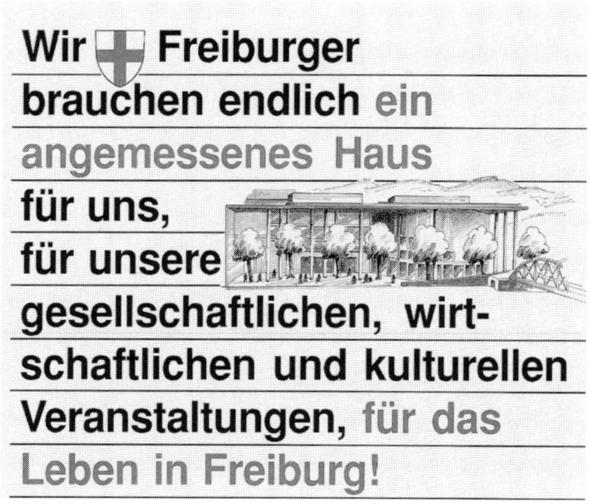

Wir wollen ein Haus für Freiburg (Abb. 127)

Wir wollen eine direkte Demokratie für Freiburg (Abb. 128)

antiautoritäre und ökologische Wertverständnis auf, das Mitte der 80er Jahre in weiten Bevölkerungskreisen vor allem bei jüngeren Wählern immer bestimmender wurde. So konnten Professoren der Freiburger Universität das Interesse an einem gut funktionierenden Tagungszentrum, das Voraussetzung für die Organisation wissenschaftlicher Tagungen ist, im Raum der Universität kaum ohne Widerspruch von Assistenten und Studenten äußern.[37] Dem Generalmusikdirektor des städtischen philharmonischen Orchesters, der von den Zuschußbedingungen her eine starke Stellung im neuen Konzerthaus hat, war es nicht möglich, sich vorbehaltlos hinter das Projekt zu stellen.[38] Als die Stadtbau bei einem Konzert des Bachchors in der Stadthalle eine Unterschriftenliste zur Unterstützung des Konzerthauses auflegte, wurde diese nur mit mäßigem Interesse beachtet.[39] Dagegen zeigte sich aber auch eine gewisse Distanz, die alternatives Denken trotz seines „linken" Selbstverständnisses zum klassischen Feld sozialer Interessenlagen hatte. Der Deutsche Gewerkschaftsbund unterstützte in mehreren Verlautbarungen das Konzerthaus [40], wogegen allerdings wiederum einzelne Gewerkschafter widersprachen.[41]

Ein Musiksaal für die Musikstadt (Abb. 129)

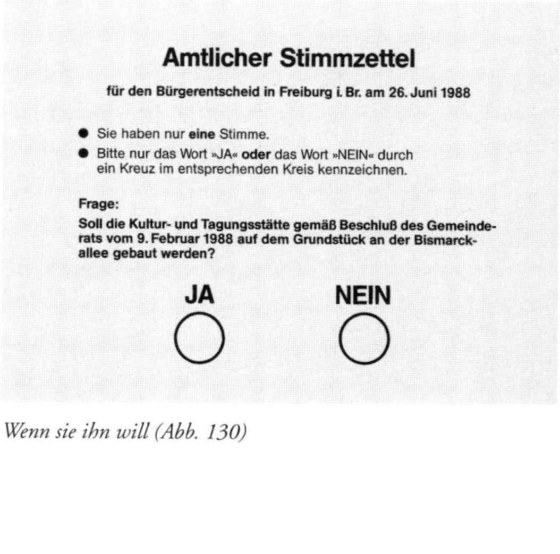

Amtlicher Stimmzettel

für den Bürgerentscheid in Freiburg i. Br. am 26. Juni 1988

- Sie haben nur **eine** Stimme.
- Bitte nur das Wort »JA« **oder** das Wort »NEIN« durch ein Kreuz im entsprechenden Kreis kennzeichnen.

Frage:

Soll die Kultur- und Tagungsstätte gemäß Beschluß des Gemeinderats vom 9. Februar 1988 auf dem Grundstück an der Bismarckallee gebaut werden?

JA ○ **NEIN** ○

Wenn sie ihn will (Abb. 130)

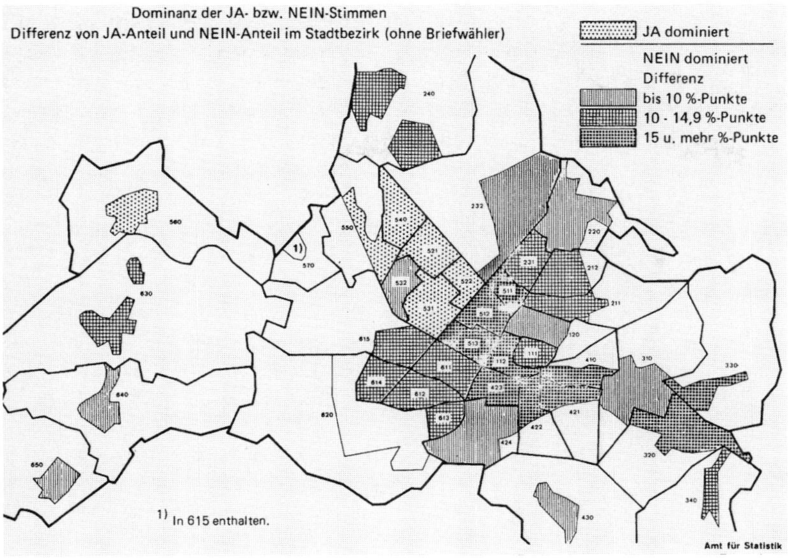

Unterschiedliche Abstimmungsergebnisse beim Bürgerentscheid in den einzelnen Stadtteilen. Juni 1988 (Abb. 131)

Der Wahltag für den Bürgerentscheid wurde auf den 26. Juni 1988 festgelegt. Der vorangegangene Ratsbeschluß zur Baudurchführung war der Auslöser des Entscheids, daher stand folgende Frage zur Abstimmung: „Soll die Kultur- und Tagungsstätte gemäß Beschluß des Gemeinderats vom 9. Februar 1988 auf dem Grundstück an der Bismarckallee gebaut werden?“ Die Wahlbeteiligung lag bei 50%. Mit „Ja“ stimmten 29.289, mit „Nein“ 36.439 Bürger. Die Projektgegner hatten eine deutliche Mehrheit errungen, erreichten aber nicht das geforderte Quorum von 39.657 Stimmen.[42] Die Zustimmung zum Projekt war in den westlichen Stadtteilen höher als in statushöheren Bezirken im Osten, und das Wahlamt schloß daraus in seiner Analyse: „Für viele Bürger ist die KTS ... Symbol für eine wachstumsorientierte Politik ..., die von einem immer größeren Teil der Bevölkerung abgelehnt wird. Träger dieser postmateriellen Einstellung sind in erster Linie jüngere und mittlere Altersgruppen mit hoher formaler Bildung. Arbeiter, Handwerker, kleine Angestellte und Selbstständige ..., deren Existenz stärker konjunkturabhängig ist, vertreten ... weit mehr wachstumsbejahende, materialistische und traditionelle Einstellungen. Die stärkere Zustimmung in den westlichen Bezirken ist deshalb durchaus plausibel.“[42]
Mit dem Scheitern des Bürgerentscheids ging die Initiative wieder an den Gemeinderat zurück. Dieser bekräftigte seine Entscheidung vom Februar und faßte erneut am 28. Juni 1988 den Baubeschluß.

Auf dem Weg zum Baubeginn

Mit der Abstimmung über das Konzerthaus wurde in Freiburg zum ersten Mal ein Bürgerentscheid abgehalten, und dieser hatte sich damit als Instrument der politischen Willensbildung eingeführt. Inzwischen wurde in Freiburg mit der umstrittenen Flugplatzverlegung eine weitere kommunalpolitische Frage dem gleichen Verfahren unterworfen. Die in der Größenordnung an Kommunalwahlen heranreichende Wahlbeteiligung beim Bürgerentscheid über das Konzerthaus zeigte, daß die Projektgegner bereits im ersten Anlauf sehr erfolgreich waren, in der Absicht die Bevölkerung politisch zu interessieren. Es war für sie nicht leicht, das Wahlergebnis zu akzeptieren. Die errungene Mehrheit konnte nicht umgesetzt werden. Das Wahlziel, die Verhinderung des Konzerthauses, war knapp verfehlt worden. Für das erforderliche Quorum fehlten nur 3128 Stimmen. Trotzdem begleiteten auch die Stadtratsmitglieder, die sich gegen das Konzerthaus ausgesprochen hatten, unter Beibehaltung ihrer Skepsis, das Bauvorhaben konstruktiv.[43]
In der vorangegangenen Kostendiskussion spielte die Überschreitung der geforderten Flächengrößen hauptsächlich durch den Tiefgaragenbereich und damit der 90 Millionen Investitionsgrenze im Wettbewerbsentwurf des ersten Preisträgers Bangert eine Rolle. Die Stadtbau wies immer darauf hin, daß diese Übergröße ohne wesentliche Änderung des Entwurfs zurückgeführt werden könne, aber ebenso wurde von der Initiative gegen das Kongreßzentrum diese erst noch zu leistende und

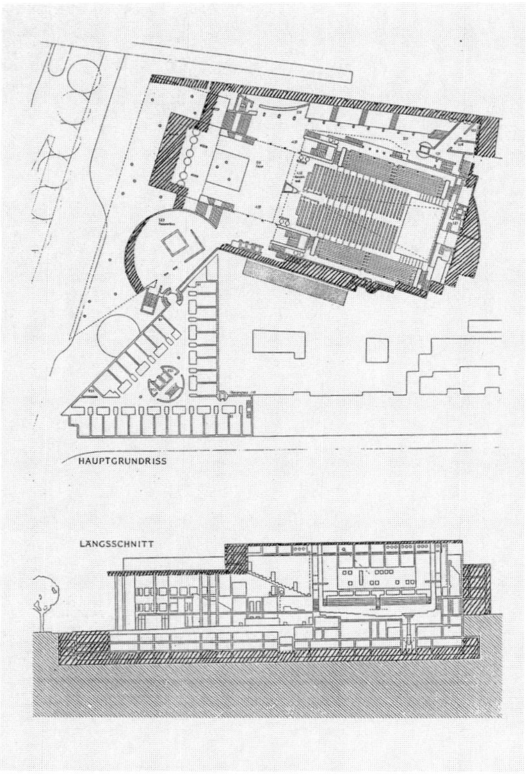

Die Übergröße des Wettbewerbsentwurfs von Architekt Bangert muß auf die Programmforderung abgespeckt werden (Abb. 132)

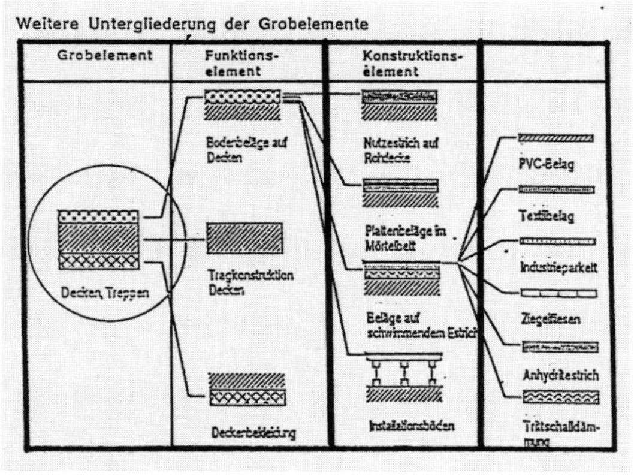

Die Kostenermittlung nach einzelnen Bauelementen (Abb. 133)

in den Bürgerversammlungen und Diskussionen damit nicht darstellbare Überarbeitung eingefordert. Aus diesem Grund war sogar noch kurz vor dem Bürgerentscheid der Versuch unternommen worden, den Entscheid wegen grober Täuschung [44] rechtlich anzugehen und absagen zu lassen, was von der Stadtverwaltung zurückgewiesen wurde.[45] Umsomehr konzentrierten sich die Blicke jetzt auf die Entwurfsüberarbeitung. Hatten die Bürger über einen Entwurf abgestimmt, der sich nun zur Einhaltung der Kostengrenze von 90 Millionen bis zur Unkenntlichkeit verformen würde? Der Nachweis mußte von der Stadtbau glaubhaft erarbeitet werden. Dies wurde mit Hilfe eines engagierten Teams freiberuflicher Fachleute geleistet, die für die Planung und den Bau des Projektes unter Vertrag standen. Beim Aufbau dieses logistischen Apparates wurden bevorzugt Ingenieurbüros aus dem Freiburger Raum herangezogen und für spezielle Fragen anerkannte Fachleute von außerhalb beauftragt. Am Konzerthaus arbeiteten in der Planungs- und Bauphase der Jahre 1988 bis 1996 zusammengerechnet jährlich etwa 60 bis 80 Beschäftigte in der Stadtbau und den von ihr beauftragten Architektur- und Ingenieurbüros.[46] Speziell die Termin- und Kostenkontrolle übernahm ein qualifiziertes Büro aus Stuttgart, das bereits im Wettbewerbsverfahren eingeschaltet war und das die Gebäudekosten nicht nach der herkömmlichen Kubikmeterberechnung, sondern nach einzelnen Bauelementen errechnete. Diese Methode erwies sich bei Bauanlagen mit großvolumigen Räumen zuverlässiger als die zur Kostenermittlung nach Rauminhalten.

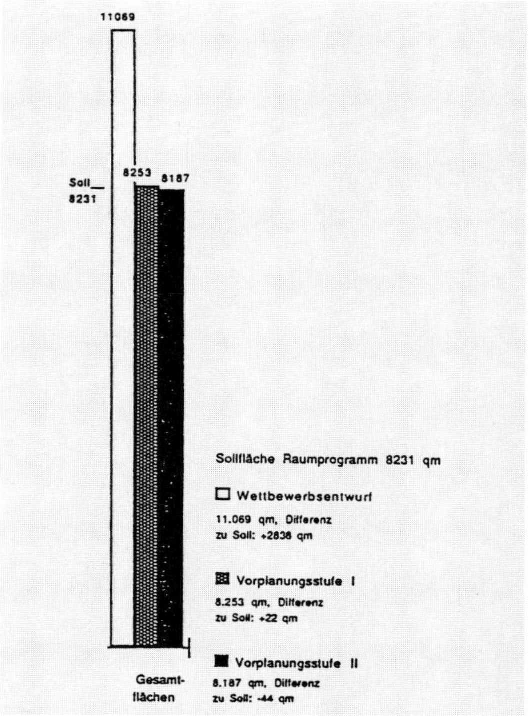

Das Ziel der Überarbeitung ist erreicht. Der Bangert-Entwurf entspricht der Sollgröße (Abb. 134)

Die Überarbeitung des Wettbewerbentwurfs

Die Bearbeitung des Entwurfs von Architekt Dietrich Bangert erfolgte in zwei Stufen. Zunächst wurden die über dem geforderten Soll liegenden Flächen auf das erforderliche, im Architektenwettbewerb von der Stadtbau geforderte Maß entwurfsabhängig reduziert und die Grobelemente dieser Konzeption in ihren Kosten ermittelt. Es konnte nachgewiesen werden, daß der Entwurf Bangert in den Preisen von 1987 für 90 Millionen DM brutto realisierbar war. Dieses Ergebnis wurde am 11. Oktober 1988 im Konzerthausausschuß der Stadtbau vorgelegt. In einem zweiten Überarbeitungsschritt wurden sämtliche Fachingenieure eingeschaltet, die Grobelemente des Gebäudes in einzelne Funktionsteile gewerkeweise gegliedert und auf dieser Basis eine weitere Kostenbewertung durchgeführt. Auch in der jetzt bereits sehr detaillierten Ermittlung ergab sich die gleiche Kostenhöhe wie im vorangegangenen Arbeitsschritt. Diese Phase kam durch die Zusammenführung des Planungsteams von Architekt und Ingenieuren erwartungsgemäß zu einer qualitativen Verbesserung des Entwurfs. Zwei Fachdisziplinen trugen wesentlich zu diesem Erfolg bei: Akustik und Bühnentechnik. Der große Rechtecksaal hatte in seiner strengen orthogonalen Ausformung von Anfang an den für einen Konzertraum wesentlichen Vorteil, die durch das Raumvolumen günstige Nachhallzeit mit der durch die reflektierenden Längswände bewirkte Direktschallversorgung und Klangdurchmischung zu verbinden. Die Orthogonalität des Saales war aber auch eine optimale Bedingung für den Einbau von Hubböden, die die drei grundsätzlichen Nutzungsanforderungen des Konzerthauses zu erfüllen helfen konnten. Nun stehen sich Konzert- und Tagungsnutzung aber im Hinblick auf ihre Forderungen an das Raumvolumen diametral gegenüber. Ein großes Volumen ist günstig für Musikdarbietungen nicht aber für Tagungen. Daher wurden bei der Überarbeitung Parkett- und Seitentribünen so ausgebildet, daß sie den Wettbewerbsentwurf überholend eine maximale Innenraumdimension für Konzerte anboten, die dann für Tagungsnutzungen durch das Heben der Ebenen deutlich auf ein wesentlich geringeres Volumen zurückgefahren werden kann. Die Parkettfläche war dabei noch als starre einseitig absenkbare Schrägfläche vorgesehen, die mit kleinen Podesten per Hand hätte terrassiert werden müssen. Im weiteren Planungsverlauf gelang es sogar, diese Fläche sitzreihenweise in einzelne Podeststreifen von nur 90 cm Tiefe auf-

Simulation der Schallausbreitung im Modellversuch. Die Akustik bestimmt die Qualität des Konzertsaals (Abb. 135)

Der zur verspiegelten Decke gerichtete Laserstrahl wird auf die Empore reflektiert (Abb. 136)

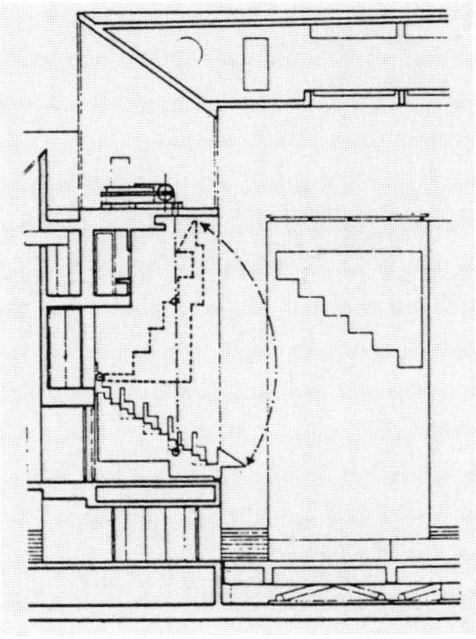

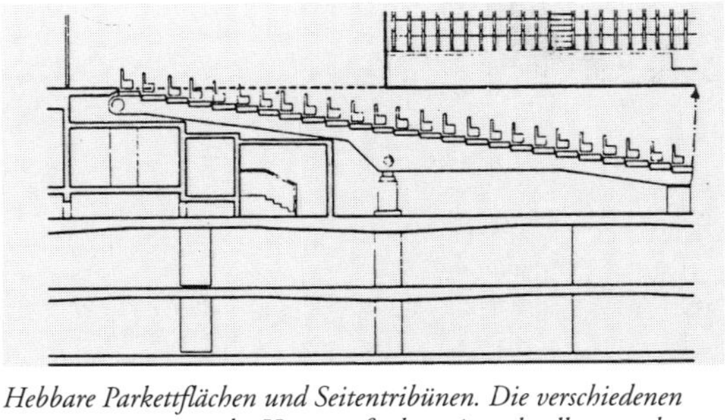

Hebbare Parkettflächen und Seitentribünen. Die verschiedenen Nutzungsvarianten des Hauses erfordern eine schnell umrüstbare Saaltopografie (Abb. 137/138)

Die drei Gesichter des Konzerthauses im Grundriß

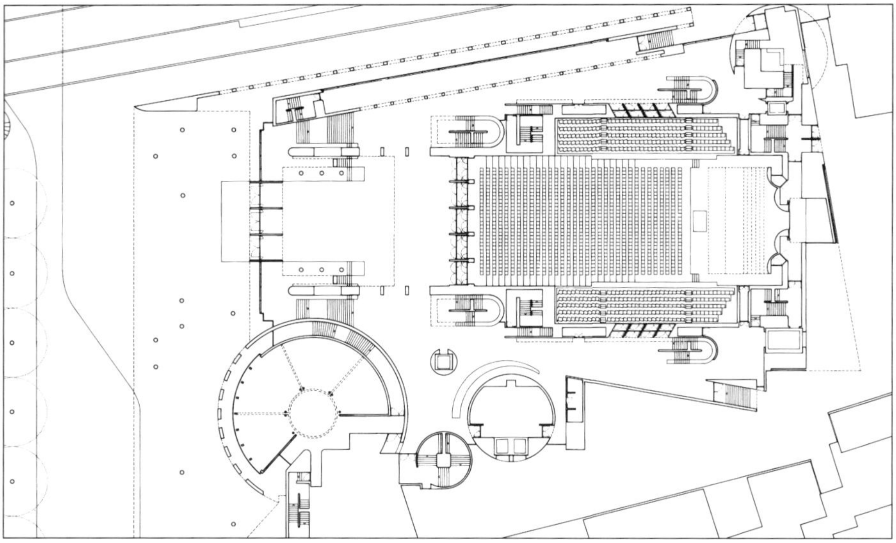

Musikveranstaltung (Abb. 139)

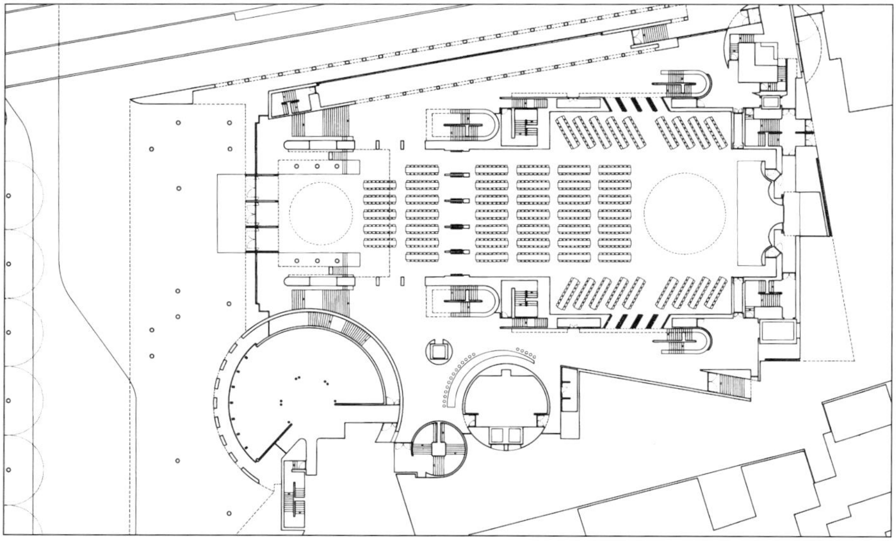

Feste (Abb. 140)

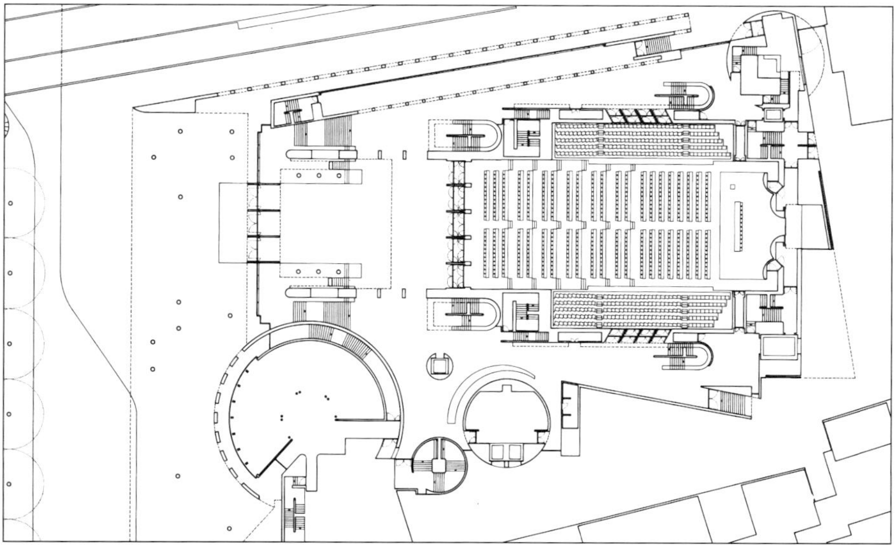

Tagungen (Abb. 141)

zulösen, was für die Umrüstbarkeit eine ganz wichtige Hilfe ist.

Zu dieser Verbesserung kamen andere hinzu. So die Vergrößerung des kleinen Saales und damit die Erhöhung des Platzangebotes für das ganze Haus um 200 Sitzplätze. Eine Anordnung mehrfacher Treppen ermöglichte eine flexible Besucherführung und damit für den kleinen Saal eine vom großen Saal unabhängige eigene Foyerzuordnung, die für getrennte, aber sich zeitlich überschneidende Veranstaltungen von großem Vorteil ist. Schließlich konnte der große Saal verkürzt werden, so daß die letzte Sitzreihe auf das übliche Maß von 45 m näher an die Bühne heranrückte.

Dem gesamten Planungsergebnis wurde am 9. Juni 1989 vom Gemeinderat zugestimmt und die Stadtbau zur Vorlage der Genehmigungsplanung und einer Kostenberechnung nach Baunorm bis Ende 1990 beauftragt. In der gleichen Sitzung wurde auf Antrag der Kultur-, Tagungs- und Ausstellungs GmbH der Vorvertrag für den Hotelbau beim Konzerthaus mit der Gruppe Gelin KG abgeschlossen, die diesen Bauteil in eigener Zuständigkeit mit Hilfe eines Sachwertfonds ausführte und zum Betrieb an die Dorint-Hotelgesellschaft langfristig verpachtete.

Die Überarbeitung hatte die äußere und innere Form und den Funktionsablauf des Wettbewerbsentwurfs nicht entscheidend verändert, aber wesentlich verbessert. Auf einer Bürgerversammlung zur Information über das Konzerthaus im Februar 1991 wurde erneut ein Bürgerentscheid über das Konzerthaus gefordert,[47] weil nach der Weiterbearbeitung des Wettbewerbsentwurfs nun ein „anderes Projekt“ vorliege.[48] Dem widersprach die Stadtverwaltung und bezeichnete ein weiteres Bürgerbegehren aus rechtlichen Gründen als unzulässig,[49] eine Auffassung, der sich auch der Gemeinderat am 21. April 1991 anschloß, weil nach der Gemeindeordnung gegen das gleiche Projekt nicht innerhalb von drei Jahren ein weiterer Bürgerentscheid möglich ist. Trotzdem wurde Widerspruch eingelegt, der vom Regierungspräsidium mit der Begründung eine wesentliche Änderung der Funktion und Nutzungsmöglichkeiten „ist nicht zu erkennen“ zurückgewiesen wurde.[50] Die daraufhin beim Verwaltungsgericht Freiburg eingereichte Klage wurde abgelehnt, wie auch die dann nachfolgende Berufung beim Verwaltungsgerichtshof Mannheim. Erst nach der Abweisung in der zweiten Instanz wurde der Widerstand eingestellt. Der Weg für die weitere Projektentwicklung war damit frei.

Längere Planung kostet mehr

Eine Besonderheit der Konzerthausplanung bestand in der zeitlichen Parallelität und gegenseitigen Abhängigkeit der kommunalpolitischen Diskussion, wie auch einer soliden bautechnischen und finanziellen Entwicklung des Projekts. Die vertraglich verpflichteten Architektur- und Ingenieurbüros mußten phasenweise ihre Arbeit vollständig einstellen, um nach wenigen Monaten dann wieder unter äußerstem Hochdruck Arbeitslei-

Schnittzeichnungen

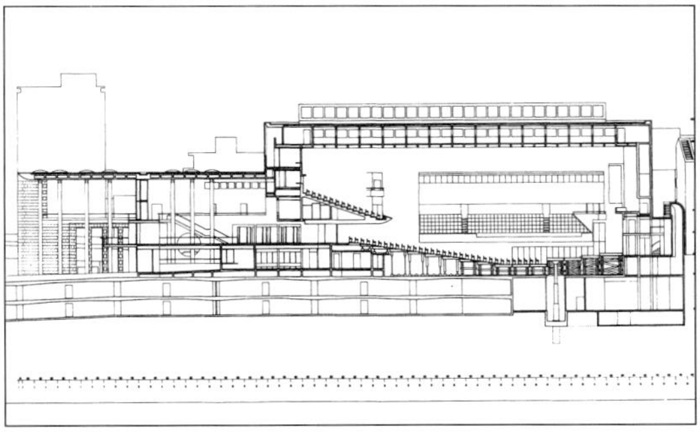

Musikveranstaltungen (Abb. 142)

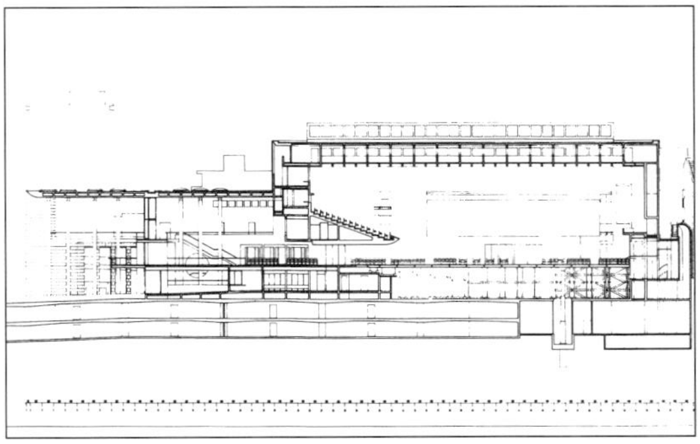

Feste (Abb. 143)

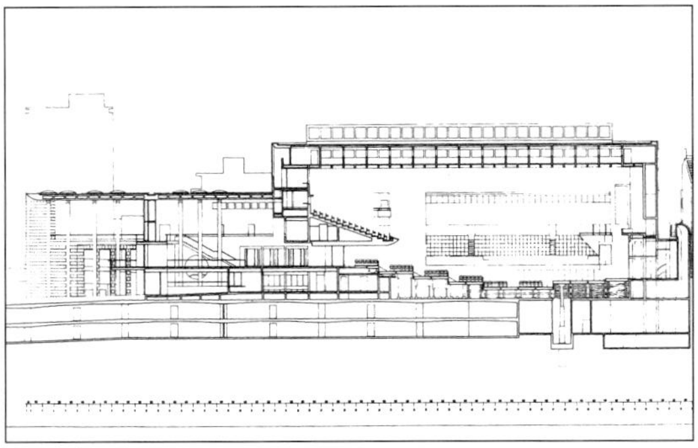

Tagungen (Abb. 144)

Das begehbare Innenraummodell zur Kontrolle der räumlichen Ausformung des großen Saals (Abb. 145)

stung zu erbringen. Zeitgleich zu der vorangehend geschilderten zweistufigen Überarbeitung des Wettbewerbsentwurfs kulminierten politische Auseinandersetzungen, die im Stil des Stop-and-go massiv auf die Weiterführung der Planungen einwirkten.

Der Bürgerentscheid von 1988 hatte das Konzerthausprojekt publik gemacht und damit ein wichtiges Motiv für die Gemeinderatswahl am 22. Oktober 1989 vorgegeben. Im Vergleich hierzu verblaßten andere Themen: Am 11. September hatte Ungarn seine Grenzen für DDR-Bewohner nach Österreich geöffnet. Die Arbeitslosenzahlen hatten ihren tiefsten Stand seit 1982 erreicht. Trotzdem, die Fraktionen des bürgerlichen Lagers erzielten in der Kommunalwahl ein schlechtes Ergebnis; hier waren die Schwerpunkte der Konzerthausbefürwortung im Gemeinderat zu Hause. Bereits zu Beginn der vom Gemeinderat am 9. Juni 1989 beauftragten Genehmigungsplanung und Kostenberechnung war allen Beteiligten klar, daß die ursprünglich für Anfang 1992 vorgesehene Eröffnung nicht mehr gehalten werden konnte. Durch die langanhaltene politische Entscheidungsfindung und Planungsabhängigkeiten von Verkehrsbauten in der inzwischen ebenfalls anlaufenden Bahnhofsvorzone mußte der nächstmögliche Eröffnungszeitpunkt auf 1996 herausgerückt werden. Bei der Feststellung der Baukosten des Wettbewerbsentwurfs von 90 Millionen war immer von der Preisbasis des Jahres 1987 ausgegangen worden, und es wurde eine zügige Entscheidung der Realisierungsabsicht erwartet. Die Baukosten des Jahres 1987 als Basis der Herstellungskosten war in allen Verwaltungsvorlagen und Veröffentlichungen dargestellt worden. Mit dem Termin der Baufertigstellung für das Jahr 1996 mußte zur Kenntnis genommen werden, daß zwischen Wettbewerb bis zur Eröffnung ein Zeitraum von fast 10 Jahren liegen würde. Die 90er Jahre waren durch einen sehr günstigen Konjunkturverlauf und hohe Baupreissteigerungen gekennzeichnet. Höhere Steigerungsraten über ca. 10 Jahre ergaben entsprechende Zuschläge für den Abrechnungszeitpunkt. Für Bauverwaltungen ist dies keine ungewöhnliche Situation, sondern der normale Planungsablauf. Baukosten werden auf Basis des Beschlußzeitpunktes eines Projekts ermittelt und die Einhaltung dieses Limits ist zum Eröffnungszeitpunkt anhand indizierter Hochrechnungen nachzuweisen. Trotzdem entstand quer durch die Stadt bei Nennung des Kürzels „KTS" eine gereizte Nervosität. Schnell bildeten sich wieder die Pro-und-contra-Positionen aus. Basisdemo-

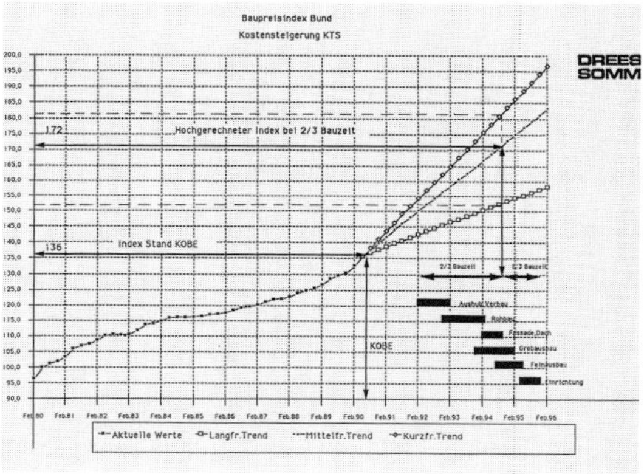

Die Hochrechnung der Baukosten auf den Fertigstellungszeitpunkt. Mai 1990 (Abb. 146)

kratische Meinungsbildung ist um einiges langwieriger, als dies bei repräsentativen Beschlußorganen erforderlich wäre. Die Forderung nach mehr Basisdemokratie wird ja auch nicht vom Zeitvorteil her begründet. Was in der Schweiz selbstverständlich wäre, führte nach dem ersten Freiburger Bürgerentscheid zu großen Vorwürfen, sowohl von den Gegnern aber sogar auch Teilen der Gruppe der Befürworter. Die während der kommunalpolitischen Diskussion davongelaufene Zeit wollte niemand verantworten. Aber das Jahr 1990 hatte seine Engstellen. Zum 23. September war die Oberbürgermeisterwahl festgelegt. Zunächst versuchten Stadt, Stadtbau und die FWT noch im alten Jahr einen Träger zu finden, der als Fond durch Verlustabschreibungen die zu erwartende Kostensteigerung übernehmen sollte. Hierzu boten sich zunächst vier Freiburger Bauunternehmen an.[51] In der Schlußphase der Verhandlungen im Fühjahr

1990 mußte die Unternehmensgruppe erklären, daß sich der Fond mangels Rentabilität nicht zustande bringen ließ. Statt dessen wollte die Gruppe das Konzerthaus zu einem Festpreis bauen, der das Kostenrisiko begrenzen sollte.[52] Die Konzerthausgarage war dabei ausgeschlossen und sollte von der Stadtbautochter Kommunalbau getrennt finanziert werden. Jede noch so gut gemeinte Hilfe und jede phantasievolle Finanzidee reduzierte sich aber, kaum publik geworden, beim Bürger nur zu einer Botschaft: ‚das Konzerthaus wird immer teurer'.[53] Im Sommer 1990, als das benachbarte Dorint-Hotel bereits eröffnet wurde, stand das Konzerthaus unter dem Druck einer Verunsicherung und eines Mißtrauens, der das Projekt trotz seiner sehr soliden Vorplanung nun fast zum Scheitern brachte.

Geht das Konzerthaus doch noch „baden"?

Wieder einmal wurden alle Planungen storniert. Für einen war die entstandene Situation ganz besonders bedrückend, für den Oberbürgermeister. Rolf Böhme hatte das Konzerthaus von Anfang an als Objekt der Wirtschaftsförderung und Forum der Stadtkultur gesehen und dessen Förderung und Unterstützung sich zu eigen gemacht. Wenn er in der Atmosphäre des Zweifels und der Häme an dem Projekt festhielt, konnte er sich am Ausgang der Gemeinderatswahl klarmachen, daß die inzwischen noch stärker gewordene Gegnerschaft gegen das Konzerthaus sich auch voll gegen ihn richten würde. Eine in Freiburg laufende Plakataktion kündigte das bereits an. Die für Sommer 1990 anstehende Wiederwahl war nicht sicher, allenfalls ein knappes positives Ergebnis erreichbar. Ein Verzicht auf das Konzerthaus hätte in jedem Fall mit viel größerer Wahrscheinlichkeit den Einzug in das Rathaus gesichert. Noch vor der Sommerpause 1990 verzichtete er auf alle in der Diskussion sich anbietenden Hilfen und verwies auf die Aufgabenstellung des Gemeinderatsbeschlusses vom Juni 1989. Sie verlangte von der Stadtbau die Genehmigungsplanung mit genauer Kostenberechnung, die erneut vorzulegen war. Er hielt voll am Bau des Konzerthauses fest [54] und äußerte sich nachdrücklich: „Ich persönlich bin nach heutiger Beurteilung aus vielen Gründen nach wie vor für die Kultur- und Tagungsstätte." In dieser Situation eine Entscheidung, die ihn mehr noch als alle Vorarbeit zum Erbauer dieses Hauses macht. Der Auffassung des Oberbürgermeisters schloß sich der Gemeinderat ebenfalls an.[55]

„Wir müssen unsere Chance packen."

Oberbürgermeister Böhme im Interview Abb. (147/148)

„... und es ist in Freiburg gar nicht einfach, überall das Wort ‚qualitatives Wachstum' in den Mund zu nehmen ..."

„Ich meine, daß es richtig ist, daß wir den Kurs des qualitativen Wachstums... fortsetzen und die Projekte, über die wir zum Teil seit Jahrzehnten reden, jetzt wirklich umsetzen."

Die Diskussion beruhigte sich wieder. Rolf Böhme erreichte in der Oberbürgermeisterwahl am 23. September 1990 einen Erfolg. Eine sehr hilfreiche Unterstützung fand das Projekt noch im scheidenden Jahr 1990 aus Stuttgart nach der Wahl. Die Landesregierung erweiterte ihre Förderung um 10 Millionen DM.[56] Eine weitere wichtige Hilfe in dieser Phase stellten die Kapitaleinlagen der ÖVA und der Städtischen Sparkasse bei der Bauherrin Kommunalbau dar.[57] Die Genehmigungsplanung konnte weitergeführt und am 19. Februar 1991 dem Gemeinderat zur Abstimmung vorgelegt werden. Der Gemeinderat stimmte mit einer Mehrheit von 28 zu 18 Stimmen der der weitergeführten Planung zu.[58] Die für den Fertigstellungszeitpunkt anhand der aktuellen Baupreise hochgerechneten Herstellungskosten von 133,8 Millionen DM brutto wurden zur Kenntnis genommen. Diese Kosten werden sich durch zusätzlich gewünschte Maßnahmen noch bis auf knapp 150 Millionen DM erhöhen.

Die Übernahme des „Turenne" durch die Stadt. Abschied des französischen Militärs vom Kasino (Abb. 149)

Die Bagger rücken an (Abb. 150)

Vorarbeiten

Mit dem Beschluß des Gemeinderats vom Februar 1991 war nun endlich, vier Jahre nach dem Architektenwettbewerb, der Weg frei für das Baugenehmigungsverfahren und die Werkplanung des Konzerthauses. Die im Gesetz vorgesehenen Möglichkeiten der Mitsprache und des Einspruchs waren ausgeschöpft worden. Ein zweiter Bürgerentscheid wurde zwar vereinzelt immer noch gefordert, beschäftigte aber inzwischen nur noch die Juristen nicht die Bürger.
Es mußte aber nach wie vor mit spontanen Aktionen gerechnet werden, die versuchten das Projekt noch einmal in Frage zu stellen. Dazu bot sich geradezu eine Besetzung des französischen Unteroffizierskasinos in der Bertoldstraße an, ohne das die Verwirklichung des Konzerthauses nicht möglich gewesen wäre. Die Entscheidung, das Grundstück des „Cercle Turenne" in die Baumaßnahme einzubeziehen, war schon vor dem Wettbewerb gefallen. Kurz nach der Wettbewerbsentscheidung einigte sich die Stadt mit den französischen Streitkräften und der Oberfinanzdirektion darauf, in der Kartäuserstraße einen Ersatzbau zu schaffen.[59] Nachdem dort das erforderliche Bebauungsplanverfahren durch viele Einsprüche belastet wurde, vereinbarte man 1989 mit den französischen Militärbehörden einen Standort in der Basler Straße.[60] Beide Alternativen waren in der Öffentlichkeit aufmerksam verfolgt worden. Der Ersatzbau bedeutete eine finanzielle Belastung für das Konzerthaus. Erfreulicherweise brachte die politische Entspannung im Ost-Westverhältnis und in deren Folge die deutsche Vereinigung, die in ihrer konjunkturauslösenden Wirkung hohe Baukostensteigerungen beschert hatten, nun eine Entlastung. Die Franzosen planten wegen der entschärften Bedrohung von Osten her drastische Reduzierungen ihrer Präsenz in Deutschland und verzichteten im Frühjahr 1990 auf einen Ersatzbau für das alte Casino.[61] Es war zum Zeitpunkt dieses Verzichts völlig ungewiß, ob ein Beschluß für das Konzerthaus zustande kommen würde. Der Auszug des französischen Militärs zog sich zwar hin, aber bei der Stadtbau war man sich immer bewußt, daß das Turenne für den Baubeginn eine Schlüsselrolle spielen konnte. Bei der damals gegebenen Wohnungsknappheit hätte ein illegaler Einzug von Studenten in das alte Turenne mit dem angeschlossenen, etwas verschlissenen Hoteltrakt noch einmal eine ernst zu nehmende Kraftprobe mit der Hausbesetzerszene bedeutet. Am 5. Februar 1992, um 8 Uhr, war der Auszug der Franzosen festgesetzt worden. Nach gegenseitiger Unterzeichnung des Übergabeprotokolls verließen beide Seiten das „Cercle Turenne". Die Sze-

ne war von dumpfen Hintergrundgeräuschen gelegentlich unterbrochen worden. Bagger fingen bereits an den Speisesaal abzuräumen. Der Baubeginn des Konzerthauses war da.[62] Auf dem Freigelände, der späteren Baustelle, war bereits von den Archäologen des Landesdenkmalamtes mit Georadarsondierungen intensiv aber erfolglos – Vauban war schneller gewesen – nach den Resten der mittelalterlichen Vorstadtmauer gesucht worden.[63] Die ersten Rohbauarbeiten für das Konzerthaus hatte die Stadtbau schon Ende 1991 vergeben. Neben dem Turenne mußten die alteingesessenen Firmen Doebele und Hemmerle im Rahmen des Sanierungsverfahrens Sedanstraße entschädigt oder auf Wunsch verlagert werden. Die Stadterneuerungsgesellschaft baute nach einem entsprechenden Votum des Gemeinderates[64] Ersatzbauten, so daß nach dem Umzug der Firmen mit dem Abbruch der Altbauten begonnen werden konnte. Vor Einsatz der Bauaushubmaschinen mußte eine Kampfmittelbeseitigung auf dem künftigen Baugelände erfolgen, die mit dem Fund einer Bombe fündig wurde.

Im Mai 1992 war es dann so weit, der Aushub konnte beginnen. Größer im Volumen als das sichtbare Gebäude des Konzerthauses ist der unterirdische Bauteil der Nebenflächen vor allem der Parkierung. Die Platzgestaltung und die darunter anzuordnende Tiefgaragenkonzeption, speziell unter dem Busbahnhof, wurde erst 1987 erkennbar und hatte zu einer Verschiebung der Abgabefristen des Bauwettbewerbs geführt. Es war möglich geworden, den Garagenbereich des Konzerthauses über die Bismarckallee hinaus bis zu den Bahnsteigunterführungen der Bahn hin auszudehnen. Für die Zu- und Abfahrten waren nach der Wettbewerbsvorgabe Parallelrampen vorzusehen. Durch die unterirdische Verbindung der Konzerthaus- und der Bahnhofsgarage am Treffpunkt dieser Rampen unter der Bismarckallee war es möglich, die den verschiedenen Inhabern Bahn, Stadt, Konzerthaus gehörenden Flächen zusammenhängend zu nutzen und zu bewirtschaften. Der Bau dieser Unterwelt lag naturgemäß vor dem Bau der oberirdischen Gebäudeteile. Den Beschluß der stadteigenen Bahnhofsgarage mit 272 Plätzen zwischen Bismarckallee und Bahn erfolgte durch den Gemeinderat schon im Dezember 1990. Im Juli 1991 konnte mit diesem Bau, der außerhalb des Konzerthausbereichs liegt, begonnen werden. Die Garage wurde, wie schon die Rotteckgarage, in Deckelbauweise errichtet. In diesem Verfahren werden die, die Tiefgarage tragenden Stützen ganz zu Anfang als Bohrpfähle eingebracht. Auf die

Bahnhofsgarag im Rohbau. Der ruhende Verkehr kommt in die Unterwelt (Abb. 151)

Der komplizierte technische Ausbau ... (Abb. 152)

...Zeit, Kosten sind bis zum Schluß ein aktuelles Thema zwischen Bauherrschaft und Architekt (Abb. 153)

Stützköpfe wird im zweiten Arbeitsschritt die oberste Decke in Höhe der künftigen Geländehöhe aufgelegt und ist damit sofort für die Oberflächen-

Die Fundamentsohle ist erreicht. Der Grundstein kann gelegt werden (Abb. 154)

Der Oberbürgermeister mit Aufsichtsräten und Geschäftsführung der Stadtbau bei der Grundsteinlegung. Oktober 1992 (Abb. 155)

Oberbürgermeister und Stadtbau erläutern Intendant Voß das Konzerthaus. März 1994 (Abb. 156)

gestaltung nutzbar. Erst danach erfolgt, nun unterirdisch, der Erdaushub und weitere Ausbau der Garage mit Zwischendecken. Diese Bauweise führt zu besonders imposanten Richtfesten, weil zu diesem Zeitpunkt das spätere Bauwerk als unterirdische Halle mit bizarren über die gesamte Gebäudetiefe reichende Stützen eine gigantische Kulisse bilden. Dieses Richtfest wurde im Mai 1992 gefeiert. Im November 1993 konnte dann die Bahnhofsgarage eröffnet werden. Der darauf angelegte regionale Busbahnhof ging im Juni 1995 in Betrieb. Mehr und mehr verlagerte sich das Arbeitsfeld vom Bauherrn und seinen Architekten aus dem Stadtbüro heraus zur Baustelle des Konzerthauses.

Endlich bauen

Zeitlich versetzt wurde, nachdem das Gelände jetzt frei war, mit der Tiefgarage unter dem Konzerthaus und seinem Vorplatzbereich auf der Ostseite der Bismarckallee begonnen. Diese Garage bietet Platz für 520 Fahrzeuge. Im Juli 1992 fingen die Aushubarbeiten an. Am 2. Oktober 1992 wurde vom Oberbürgermeister in der Bausohle des dritten Tiefgaragengeschosses der Grundstein für das Konzerthaus gelegt.

Mit Baubeginn entstanden, wie beim Bauen üblich, die ersten Modifikationen. Im wesentlichen waren es zwei funktionale Erweiterungen des Programms, die aber eine wirkliche Bereicherung darstellten.

Das Konzerthaus hatte plangemäß keine eigene Küche. Die gastronomische Versorgung sollte vielmehr dem benachbarten Hotel obliegen. Dieses Konzept ließ sich aber von dessen Bauherrn bei der Verpachtung an den Hotelbetreiber nicht durchsetzen. So mußte im Konzerthaus eine eigenständige Küche eingebaut werden. Der zweite zusätzliche Bauwunsch führte zu einer hochrangigen Aufwertung und zeigte, daß das Konzerthaus eben kein anonymer Fremdkörper in der Stadt wurde. Obwohl in der Diskussion um das Konzerthaus in Verbindung mit dem Bürger-entscheid der Wert der Raumakustik als Kostenfaktor nie zur Kenntnis genommen wurde, hatte die Stadtbau die Forderung nach einem Musiksaal, der sich an der Klangqualität der angesehensten Konzertsäle orientierte, immer wieder verteidigt und durchgehalten. Das hatte sich gelohnt. Der Südwestfunk war auf der Suche nach einem akustisch und aufnahmetechnisch qualifizierten Saal für sein Sinfonieorchester. Im Februar 1994 kam es zu Gesprächskontakten zwischen dem Oberbürgermeister, sowie den Süd-

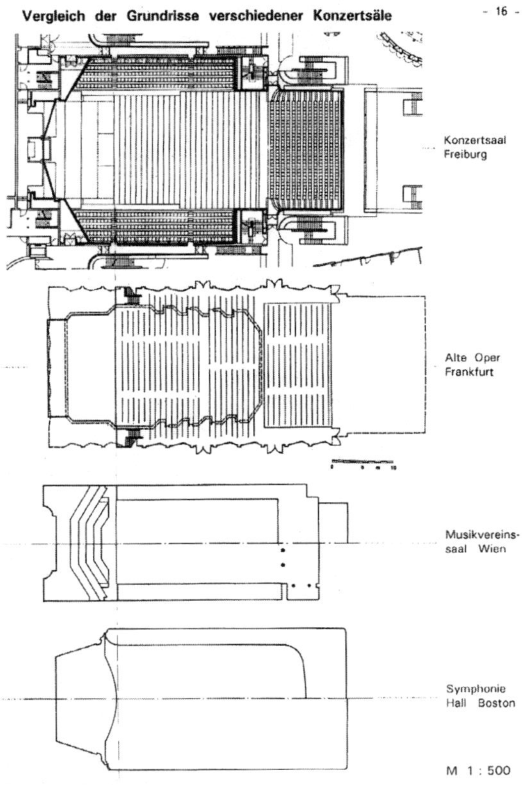

Der Konzerthaussaal in Freiburg im Größenvergleich (Abb. 157)

Die Erweiterung des Konzerthauses um eine gastronomische Versorgung wurden am 8. März 1994 beschlossen.[66] Am 1. April 1994 wurde das benachbarte Hotel Dorint eröffnet. Zu diesem Zeitpunkt war bereits die Tiefgarage betoniert. Die aufgehenden Wände, wie auch das Dach des großen Saales zusammen mit dem Vordach waren im Rohbau fertiggestellt, und der Ausbau begann. Über die Hälfte aller Baufirmen kamen aus Freiburg oder der Region. Am 28. April 1994 konnte das Richtfest im großen Saal gefeiert werden. Zum ersten Mal spielte das Städtische Philharmonische Orchester unter Leitung von Generalmusikdirektor Johannes Fritzsch in „seinem" Konzerthaus. Die Vorbehalte des Philharmonischen Orchesters gegen den Standort, vielleicht damit verbunden auch Skepsis gegen ein konkurrierendes zweites Sinfonieorchester in Freiburg, hatte die Haltung früherer Kulturdezernenten und Generalmusikdi-

westfunkintendanten Peter Voß und Wolfgang Heidenreich vom Studio Freiburg, die zu intensiven Verhandlungen über die Vertragskonditionen einer Nutzung des Konzerthauses für Orchesterproben, Aufnahmen und Konzertveranstaltungen durch das Südwestfunk-Sinfonieorchester führten. Die Verhandlungsergebnisse wurden paraphiert und schon am 15. Juni 1994 in Straßburg ein Vertragsabschluß erzielt, dem der Gemeinderat am 5. Juli 1994 zustimmte.[65] Die Standortwahl des Südwestfunks bedeutete ein Gewinn für den Bekanntheitsgrad der Stadt Freiburg und eine Bereicherung ihres Musiklebens durch ein zweites Sinfonieorchester. Es bedeutete weiter eine finanzielle Hilfe für das Haus im Wert von 10 Millionen DM und die Ansiedlung von 100 Arbeitsplätzen. Nach der Entscheidung der Bahn zum Bahnhofsneubau und zur Freigabe von Baugelände in der Innenstadt, war somit die Ansiedlung des Südwestfunkorchesters eine weitere Konsequenz der Realisierung des Konzerthauses, die zur Stärkung des neuen Westrings erheblich beitrug.

Der Erdaushub für die Tiefgarage unter dem Konzerthaus. 1992 (Abb. 158)

Die Baustelle ist in vollem Gang. September 1993 (Abb. 159)

Die Decken sind betoniert. Mai 1994 (Abb. 160)

Richtfest. Das städtische Philharmonische Orchester spielt „zu Hause" das erste Konzert im Konzerthaus. 28. April 1994 (Abb. 161)

Die Betonschalung des Vordachs liegt auf einem Wall von Gerüststangen. Dezember 1993 (Abb. 162)

rektoren zum heutigen Konzerthaus gekennzeichnet. Das war zunächst auch etwas dem ‚Richtfestprogramm' anzumerken. Ein auffälliger Beitrag war die Ouvertüre aus „Die diebische Elster" von Rossini. Als dann aber Blechbläser Aaron Coplands „Fanfare for a Common Man" spielten und erst recht als das Orchester zusammen mit dem Bachchor „The building of the house" von Benjamin Britten darboten, war das Eis gebrochen. Johannes Fritzsch fand zwar: „der Beton und der Schall tragen beide gut, aber Beton wirkt doch sehr unfestlich", jedenfalls man begann, soweit das im Roh-

Schon als Baustelle wird das Konzerthaus lebhaft besucht. Februar 1993 (Abb. 163)

Die Kontur des Großen Saals... (Abb. 164)

bau schon geht, sich als behaust zu empfinden. Im Herbst 1994 wurden sämtliche Dächer und Fassaden des Hauses fertiggestellt. Die Lenkungs- und Koordinierungsaufgaben der Stadtbau führten nun zu einer wachsenden Zahl von Baustellenterminen vor Ort. Die Winterzeit stand dem Ausbau voll zur Verfügung, der dann ab 1995 die weitere Bauzeit bestimmte. In dem Maß, in dem das Bauwerk an Kontur gewann, wuchs auch das Interesse der Freiburger an ihrem Konzerthaus. Turnusgemäß und auch auf Vereinbarung wurden in wachsender An-

.... wächst aus dem Rohbau. Oktober 1993 (Abb. 165)

Die Iris des Kleinen Saals. Mai 1993 (Abb. 166)

Der fertiggestellte Große Saal. Die Eröffnung wurde am 28. Juni 1996 gefeiert (Abb. 167)

Das Haus öffnete sich am 7. Juli 1996 mit einem „Tag der offenen Tür" der Bürgerschaft (Abb. 168)

Durchblicke - Überblicke ... (Abb. 169)

... und Ausblicke aus dem Foyer (Abb. 170)

zahl immer stärker werdende Gruppen, behelmt und trotzdem von den Handwerkern mit Skepsis verfolgt, durch den Bau geführt.

Nach einer Planungs- und Bauzeit von dreizehn Jahren wurde das Konzerthaus nun zum vereinbarten Zeitpunkt fertiggestellt. Viele Erwartungen richten sich inzwischen auf das Haus, dessen Veranstaltungskalender bis weit in das kommende Jahr dicht gefüllt ist. In einer Feier am 28. Juni 1996 wurde es von Oberbürgermeister Böhme in Anwesenheit von Ministerpräsident Teufel und vieler prominenter Gäste der Freiburg Wirtschafts- und Touristikgesellschaft, der FWT, als Betreiberin übergeben. Auch wenn sich das Konzerthaus in und nach der Eröffnungswoche noch gegen täglichen Widerstand wehren mußte, am 7. Juli 1996 dem Tag der offenen Tür wurde es vom Ansturm von mehr als dreißigtausend neugierigen Bürgerinnen und Bürgern aufgesucht und in Besitz genommen.

Die ersten Veranstaltungen laufen im neuen Konzerthaus an. (Abb. 171)

Der Platz des Konzerthauses in der Stadt

Der Überblick auf das Konzerthaus und seine Vorgänger hat aus der kommunalpolitischen, städtebaulichen und architektonischen Sicht viele Motive aufgezeigt, aus deren Vergleich Ähnlichkeiten und Besonderheiten und damit die Stellung des neuen Hauses deutlich wurden.

Kommunalpolitisch waren alle beschriebenen Bauvorhaben umstritten, weil sie in der Konkurenz mit aktuellen tagespolitischen Forderungen nicht auf eine unmittelbar aktuell notwendige Verwirklichung oder eine direkte existenzielle Betroffenheit von Teilen der Bürgerschaft verweisen konnten. Das Konzerthaus ist in dieser Reihe aber das Projekt, das durch das Aufkommen der Bürgerinitiativen Ende der 70er Jahre sich der intensivsten Erörterung stellen mußte. Für das Politikverständnis in Freiburg war diese Diskussion sehr wichtig. Viele Jungwähler, die den Formen staatlicher Autorität grundsätzlich skeptisch gegenüberstanden, erkannten im "Bürgerbegehren" der Baden-Württembergischen Gemeindeordnung ein Instrument das ihren politischen Vorstellungen sehr entgegenkam, erzwangen den "Bürgerentscheid" und ließen sich damit auf ein legitimes Entscheidungsverfahren ein. Der gewalttätige Aktionismus, der die Hausbesetzerszene dominierend begleitete war in eine Außenseiterrolle abgedrängt.
Die kommunalpolitische Diskussion hatte aber auch auf das Projekt selbst bezogen, eine wichtige Funktion. Die Aufgabenbeschreibung des Konzerthauses war, wie die Schwierigkeiten der Programmfindung der Stadthalle in den 50er Jahren gezeigt haben, auf klare Bauherrenvorgaben angewiesen. Auch für diesen Meinungsbildungsprozeß des Bauherrn spielte die engagierte Debatte in Gemeinderat und Bürgergesprächen eine große Rolle. Die Konzerthausplanung mußte sich von Anfang an ein konkretes, räumlich-organisatorisches Programm für die von Gemeinderatsmehrheit und Stadtverwaltung vorgegebenen kommunalpolitischen Zielsetzung erarbeiten. Sie wurde konsequent auf eine Grundlage aufgebaut, die sich aus dem inneren kulturellen Bedarf der Stadt, ihrem Anspruch an Zentralität und der Nutzung ihrer Standortchancen ableitete.
In der städtebaulichen Plazierung erschien ein Standort des Konzerthauses in der Innenstadt wichtig, um den Anspruch einer zentralen Einrichtung auszufüllen und um die Isolation, wie sie die Stadthalle auf dem Meßplatz zeigt, zu vermeiden. Für das Konzerthaus wurde deshalb ein Bauplatz innerhalb der Stadt und dort in der westlichen Innenstadt in Bahnhofsnähe gewählt. Die Westentwicklung der Stadt und der Bahnhof als Knotenpunkt des öffentlichen Verkehrs waren hierfür die entscheidenden Faktoren.
Das Konzerthaus fügt sich trotz seiner kraftvollen Architektur und Originalität gut in die städtebaulich vorgegebene Situation ein. In seiner Höhen-

Nach der Entscheidung der Stadt, das Konzerthausprojekt zu realisieren, zieht die Bahn nach. Der Wertzuwachs der Flächen führt zu einer Neukonzeption des Bahnareals mit neuem Empfangsgebäude und einem privat finanziertem Dienstleistungszentrum am Westring (Abb. 172)

Mit dem Bau des Konzerthauses gewinnt die Lage des erneuerungsbedürftigen Stadttheaters an Zentralität. Der überfällige Theaterumbau wird durch den Verkaufserlös freier Randflächen möglich. Ihre Bebauung in der Bertoldstraße führt zu einer geschlossenen Baufront. Theater und Konzerthaus wachsen zusammen (Abb. 173)

entwicklung und der Bauflucht hält es sich strikt an die alten Blockgrenzen. Im Grundriß schwenkt es mit dem Großen Saal auf die Achse der Stühlinger Kirche ein. Die sorgfältige städtebauliche Einfügung wird einem Haus, das erhebliche finanzielle Vorleistungen verlangt, dauerhaft zu Achtung verhelfen. Wilhelminische Repräsentationslust wie sie das Stadttheater der Vorkriegszeit kennzeichnete, läßt nicht nur viele Bürger außen vor, sondern verwundert auch Fremde.

Ein wichtiger Gesichtspunkt bei der Standortfestlegung großer öffentlicher Gebäude, ist die Chance mit diesen Einrichtungen eine bauliche Qualifizierung der umgebenden städtebaulichen Situation zu erreichen. Als Auslöser weiterer Initiativen in seinem Umfeld hat das Konzerthaus bereits gewirkt. Nach dem Beschluß zum Ausbau der Bismarckallee machte vor allem die Realisierung des Konzerthauses der Bundesbahn die Absicht der Stadt klar, das Innenstadtgebiet zwischen Rotteckring und Bahnhof infrastrukturell auf ein neues Niveau zu heben. Dies führte direkt zum Entschluß der Bahndirektion Gelände für ein Dienstleistungszentrum am Bahnhof freizugeben und mit dem Veräußerungsgewinn ein neues Empfangsgebäude zu verwirklichen. In gleicher Weise waren die Baumaßnahmen am Theater und die Entscheidung des Südwestfunks sich im Konzerthaus zu etablieren eine sichtbare Konsequenz. Umso mehr wird das Konzerthaus, das mit seiner Zugangsseite nordsüdlich ausgerichtet ist der baulichen Ausgestaltung der Bismarckallee am Westring der Innenstadt Impulse geben und dort eine moderne Ergänzung des tradierten Altstadtzentrum bewirken, auf die Freiburg, will es nicht nur vom "Alten" zehren langfristig angewiesen sein wird. Auch das kommunale Stadttheater, dem bald Universitätsbauten und weitere öffentliche Gebäude folgten, führte kurz nach der Jahrhunderwende zu einem Ensemble von zentralen Einrichtungen, das heute noch zu den wichtigen großstädtischen Passagen in Freiburg zählt.

Schließlich stellt sich der Bau als Einzelobjekt in

Das fertige Konzerthaus, ein Tor und ein wichtiger Teil der Stadtmitte

seiner Architekturform und Funktion dar. Der Schwerpunkt des funktionalen Aspekts lag hier in den strengen Forderungen an einen qualifizierten Musiksaal mit erstklassigen akustischen Bedingungen und an einer schnellen Umrüstbarkeit des verschieden genutzten Hauses. Beiden Gesichtspunkten ist durchaus angemessen Rechnung getragen worden. In diesem Bereich durfte nicht vereinfacht werden, wie sich an den schwierigen Arbeitsbedingungen des überalterten Stadttheaters und auch der Stadthalle erkennen läßt, denen in der Nachkriegszeit jede Voraussetzung eines aufgabengerechten Ausbaus fehlte.
So ist das Konzerthaus funktional auf der Höhe seiner Zeit, setzt aber auch in der Gestaltung Maßstäbe und nimmt Beziehungen auf. Das Haus ist von innen heraus entwickelt mit den drei Veranstaltungszentren: Großer Saal, Kleiner Saal, Seminartrakt, die von den Verkehrsflächen des Foyers mit Zugängen und Aufenthaltsbereichen erschlossen werden. Diese kleine Stadt in der Stadt ist von außen ablesbar.

Die Seminarräume und das Seitenfoyer bieten zur Bertoldstraße eine Ansicht, die mit verschiedenen Elementen, wie dem Aufbau der Steinhausfassade, der fortgeführten Bertoldstraßenflucht und der übernommenen Viergeschossigkeit, das Haus mit Architekturmotiven des Stadtkerns verbindet. Um die Ecke herum wendet sich die Fassade den westlich vorgelagerten Verkehrsströmen des Stadtrings, der Regio-Busse und der Deutschen Bahn hingegen offen und plastisch gegliedert zu. Unter dem hohen Vorhallendach, das an der Ecke der Bertoldstraße als Portalrahmen ausgebildet ist, steht hinterfangen vom steinernen Hoteltrakt der vorgewölbte Betonzylinder des Kleinen Saals, dessen Rundung im Glaskörper des anschließenden Foyers nach innen weiterläuft. Aus dem Foyer heraus geht der Blick nach Westen, zu neu zu integrierenden Stadtteilen, zu den Nachbarn in der Region und zum Rheintal, der europäischen Schlagader.

Das aus der Innenstadt herauswachsende Konzerthaus, öffnet sich den vor ihm liegenden Aufgaben.

(Abb. 174)

Textquellen

Die alte Festhalle im Stadtgarten

1 *Stadt Freiburg. „Geschichte der Stadt Freiburg im Breisgau." Band 3. 1992. „Der 'Makel des Revolutionismus' und ein Ende mit Schrecken."*
2 *Anonym. „Ist es für die Stadt Freiburg wünschenswerth und nützlich eine ständige Kunst- und Festhalle zu besitzen?" 24. Februar 1846. Stadtarchiv Freiburg.*
3 *Siehe Textquelle 1*
4 *Siehe Textquelle 1. „Industriestadt oder Pensionopolis."*
5 *Siehe Textquelle 1. „Unruhe im Pfaffenstädtchen."*
6 *Badischer Architecten und Ingenieurverein. „Freiburg im Breisgau. Die Stadt und ihre Bauten." 1898.*
7 *Vetter Walter. „Eine Bürgerinitiative vor 200 Jahren." 1978. Freiburger Almanach.*
8 *Persönliche Äußerung von Professor Theo Egel.*

Das Stadttheater

1 *Kuntzemüller Viktor. „Eisenbahnknotenpunkt Freiburg." 1983. Freiburger Almanach.*
2 *Stadt Freiburg. „Geschichte der Stadt Freiburg im Breisgau." Band 3. 1992. „Industriestadt oder Metropolis?"*
3 *Löhl. „Freiburg im Frühling 1980. Geschrieben im Jahre 1890." Verlag Rombach. Veränderter Nachdruck der Ausgabe von 1890. Einleitung, Nachwort und Bildmontagen von Josef Diel, Wolfgang Klug und Rolf Süß. Freiburg 1979.*
4 *Mewes Wilhelm. „Bodenwerte, Bau- und Bodenpolitik in Freiburg i.Br." 1905.*
5 *Müller Heinrich. „Oberbürgermeister Dr. Otto Winterer." 1916.*
6 *Schlang Wilhelm. „Das Neue Stadttheater zu Freiburg im Breisgau. Festschrift zur Eröffnung." 1910. „Das Theaterwesen zu Freiburg."*
7 *Stadt Freiburg, Bürgermeisteramt. „Die Erbauung des neuen Stadttheaters betreffend." 10. April 1901. Bürgerausschußvorlage.*
8 *Thoma Rudolf. „Das Neue Stadttheater zu Freiburg im Breisgau. Festschrift zur Eröffnung." 1910. „Vorgeschichte des Neubaus."*
9 *Stadt Freiburg, Hochbauamt. „Der Neubau des Stadttheaters 1900 –1902." 1990. Die Standortfrage.*
10 *siehe Textquelle 9. Wettbewerbsunterlagen. Beilage 1.*
11 *siehe Textquelle 8. „Baukosten."*
12 *siehe Textquelle 8. „Äußeres."*
13 *Hartmann Andreas. „Freiburg 1900." 1985.*
14 *Kubon Rupert. „75 Jahre Stadttheater an der Bertoldstraße." 1985. Neue Reihe des Stadtarchivs. Heft 10. „Das Freiburger Theater im Dritten Reich."*
15 *Stadt Freiburg, Stadtplanungsamt. „Kultur- und Kongreßzentrum Freiburg." März 1979. Auswertung der Gutachten, Stellungnahmen und Kostenschätzungen.*
16 *Stadt Freiburg, Hochbauamt. „Theaterumbau." 8. März 1996. Gemeinderatsvorlage G 96059.*

Projekt für politische Massenveranstaltungen und große Konzerte 1938

1 *Schnabel Th. „Die Gleichschaltung der kommunalen Verwaltung." 1983. Neue Reihe des Stadtarchivs. Heft 4. „1933 Machtergreifung in Freiburg und Südbaden."*
2 *Wagner R. Gauleiter. Vorwort zu „Die Gemeinde und die Kulturpflege." Abdruck der Rede Dr. Kerber vom 23. Oktober 1937.*
3 *Kerber Franz. „Volk, Kultur und Gemeinde." 1937. Stadt Freiburg im Breisgau. „Alemannenband."*
4 *Stadt Freiburg, Stadtbaukontrolle. „Städtische Festhalle, Fassungsvermögen." 29. November 1938. Aktenarchiv Stadtplanungsamt. 7.3 Märkte, Messen, Ausstellungen.*
5 *Stadt Freiburg, Hochbauamt. „Feuerschutz der Kunst- und Festhalle." 19. Oktober 1939. Aktenarchiv Stadtplanungsamt. 7.3 Märkte, Messen, Ausstellungen.*
6 *Romero Andreas. „Baugeschichte als Auftrag. Karl Gruber, Architekt, Lehrer, Zeichner." 1990. Schriftenreihe des Deutschen Architekturmuseums.*
7 *Stadt Freiburg, Hochbauamt. „Bau einer neuen Festhalle." 31. Oktober 1924. Stadtarchiv Freiburg. C 4 II / 16 / 4. Bausachen.*
8 *Stadt Freiburg, Hofner, Bürgermeister. „Bau einer Halle für das Bundessängerfest in Freiburg." 1927. 13. Januar 1925. Stadtarchiv Freiburg. C 4 II / 6 / 8. Bausachen.*
9 *Stadt Freiburg, Hochbauamt. „Neubau einer großen Fest- und Konzerthalle." 12. Mai 1939. Stadtarchiv Freiburg C 4 II / 6/ 8. Bausachen.*
10 *Der Gemeindetag. „Wohnungswesen und Städtebau." 15. März 1939. Stadtarchiv Freiburg C 4 I / 6 / 4.*
11 *Siehe Textquelle 3.*

Die Stadthalle

1 *Stadtarchiv Freiburg. „Freiburg 1944 – 1994, Zerstörung und Wiederaufbau." Waldkircher Verlag 1994. Insbesondere Bernhard Vedral, „Ein Unglück ja, aber auch eine Gelegenheit", und Paul Bert, „Anknüpfung an Vorkriegsplanungen."*
2 *Stadt Freiburg, Hochbauamt. „Erstellung einer Versammlungshalle auf dem Meßplatz." 8. März 1946. Aktenarchiv Hochbauamt. Akte 761. Stadthalle.*
3 *Gruber Karl. Persönliche Äußerung bei Studienexkursionen.*
4 *Oberrheinischer Beobachter. „Eine neue große Festhalle – Freiburg als Kongreßstadt." 18. September 1927.*
5 *Stadt Freiburg, Hochbauamt. „Erstellung einer neuen Festhalle." 31. März 1928. Stadtarchiv Freiburg. C4 / II / 16 / 1.*
6 *Oberrheinischer Beobachter. „Die Freiburger Festhallenfrage." 27. Juli 1928.*
7 *Stadt Freiburg, Hochbauamt. „Zelthalle auf dem Meßplatz." 1928. Joseph Schlippe. Stadtarchiv Freiburg C 4 / II / 16 / 4.*
8 *Stadt Freiburg, Hochbauamt. „Aktennotiz." 18. Juli 1947. Aktenarchiv Stadtplanungsamt. 7.3 Märkte, Messen, Ausstellungen.*
9 *Stadt Freiburg, Bürgermeisteramt Abteilung III. „Biga Ausstellung." 25. Februar 1948. Aktenarchiv Stadtplanungsamt. 7.3 Märkte, Messen, Ausstellungen.*
10 *Stadt Freiburg, Bürgermeisteramt Abteilung III. „Erstellung von Hallen auf dem Stadtgartengelände." 15. November 1948. Aktenarchiv Stadtplanungsamt. 7.3 Märkte, Messen, Ausstellungen.*
11 *Kubitza Joachim. „Alltagsnot und politischer Wiederaufbau." 1986. Neue Reihe des Stadtarchivs. Heft 9. „Frankreichs widersprüchliche Besatzungspolitik."*
12 *Schlippe Joseph. „Wie Freiburg wiedererstehen soll." 1950. Freiburger Almanach.*
13 *Hoffmann Wolfgang. „Freiburg im Breisgau als Kunst- und Fremdenstadt auf vorgeschobenem Posten." 1953. Freiburger Almanach.*
14 *Badische Zeitung. „Ein verlockendes Projekt für drei Millionen Mark." 11. Februar 1953.*
15 *Stadt Freiburg, Hochbauamt. „Festhallenprojekt." 16. Januar 1953. Aktenarchiv Hochbauamt. Akte 761, Stadthalle.*
16 *Badische Zeitung. „Der Stadtrat an der Bremse." 3. März 1953.*
17 *Bonatz Paul. „Wettbewerb Kongreß- und Sporthalle." 12. April 1954. Schreiben an Oberbaurat Hans Geiges. Aktenar-*

chiv Hochbauamt. Akte 761, Stadthalle.
18 Badische Zeitung. „Das Stadthallenprojekt erneut vertagt." 15. September 1953.
19 Preisgericht. „Ideenwettbewerb Kongreß- und Sporthalle Freiburg i.Br., Protokoll." 29. September 1953. Aktenarchiv Hochbauamt. Akte 761, Stadthalle.
20 Bonatz Paul. „Wettbewerb." 2.Oktober 1953. Schreiben an Oberbaurat Hans Geiges. Aktenarchiv Hochbauamt, Akte 761, Stadthalle.
21 Bund Deutscher Architekten. „Ideenwettbewerb Kongreß- und Sporthalle in Freiburg/Breisgau." 20. Oktober 1953. Schreiben an das Planungsamt. Aktenarchiv Hochbauamt, Akte 761, Stadthalle.
22 Badische Zeitung. „Das Angebot der Festhallenprojekte." 16. / 17. Januar 1954
23 Badische Zeitung. „Nach dem Entwurf von Stadtrat Lehr."
24 Lehr Albert Maria. „Wagst du's oder wagst du's nicht?" Freiburger Almanach. 1955.
25 Stadt Freiburg. „Stadthalle Freiburg im Breisgau." 22. Oktober 1954. Broschüre zur Eröffnung.

Der Karlsbau

1 Stadt Freiburg, Statistisches Amt und Wahlamt. „Freiburg im Breisgau in Zahl, Wort und Bild." 1964.
2 Gysler Hermann. „Flächennutzungsplan der Stadt Freiburg im Breisgau." 1964. Strukturbericht.
3 a) Stadt Freiburg, Tiefbauamt. „Generalverkehrsplan der Stadt Freiburg im Breisgau. Verkehrsgutachten von Professor Schaechtele und Regierungsbaumeister Holdscheuer." 1969. b) Stadt Freiburg, Tiefbauamt. „Prognose öffentlicher Nahverkehr. Vorschlag für ein Liniennetz. Firma F. H. Kocks KG., Ingenieure." 1969. c) Siehe Textquelle 2.
4 Badische Zeitung. „Eine Mohrenwäsche am Karlsbau." 20. November 1969.
5 Badische Zeitung. „Erster Spatenstich auf Freiburgs größter Baustelle." 6. Juli 1967.
6 Stadt Freiburg, Bürgermeisteramt. „Bauprojekt am Karlsplatz." Gemeinderatsvorlage G 16. 9. Dezember 1965.
7 Badische Zeitung. „Der neue Karlsplatz ist fast fertig." 20. Oktober 1970.
8 Hecker Hans-Dieter. „Kultur- und Kongreßzentrum Freiburg." 1978. Untersuchung Standort Karlsplatz.

Das projektierte Kultur- und Kongreßzentrum über der Bahn

1 Stadt Freiburg, Tiefbauamt. „Fußgängerzone Innenstadt." 1978.
2 Stadt Freiburg, Stadtplanungsamt. „Flächennutzungsplan." 1970. Entwurf.
3 Stadt Freiburg, Stadtplanungsamt. „Flächennutzungsplan." 1980. Rechtskräftiger Plan.
4 Siehe Textquelle 3.
5 Freiburger Kommunalbauten GmbH. „Schloßberg-Parkhaus." 1979.
6 Badische Zeitung. „Bahnüberbauung." 14. Oktober 1970.
7 Siehe Textquelle 3.
8 Schneider Hans. „Freiburger Geschichten." 1995. Angabe für 1977.
9 Stadt Freiburg, Stadtplanungsamt. „Kultur- und Kongreßzentrum Freiburg." März 1979. Auswertung der Gutachten, Stellungnahmen und Kostenschätzungen.
10 Hecker Hans-Dieter. „Kultur- und Kongreßzentrum Freiburg." 1978. Untersuchung Standort Karlsplatz.
11 Stadt Freiburg, Stadtplanungsamt. „Bahnüberbauung, Baulandgewinnung im Kernbereich." Juli 1979. Entwurf Architekt Manfred Saß.
12 Siehe Textquelle 9. Raumprogramm Professor Wever, Versammlungsplanung.
13 Stadt Freiburg, Stadtplanungsamt. „Kultur- und Kongreßhaus Freiburg. Baulandgewinnung im Kernbereich." Oktober 1979. Entwurf Architekt Manfred Saß. Die Brücke, Bürger- und Festhaus Freiburg.
14 Planungsbeirat der Architektenkammer Baden-Württemberg, Freiburg i.Br.. „Gutachten zum Standort für das Kultur- und Kongreßzentrum Freiburg." Oktober 1978.
15 Siehe Textquelle 9.
16 Persönliche Äußerung von Bürgermeister Graf.
17 Weichert Thilo. „Kultur- und Kongreßzentrum in Freiburg. Traum und Wirklichkeit." 1981. Magisterarbeit der Philosophischen Fakultäten der Albert-Ludwigs-Universität Freiburg i.Br.

Konzerthaus

1 Stadt Freiburg, Oberbürgermeister. „Überbauung der Gleisanlagen des Hauptbahnhofs für ein Kultur- und Kongreßhaus." 10. Februar 1981
2 Badische Zeitung. 16. Juni 1981. „Bonn winkt ab. Kein Geld für ein Kongreßzentrum."
3 Stadt Freiburg, Dezernat IV. „Kommission Kultur- und Kongreßzentrum." 13. Juni 1979.
4 Freiburger Kommunalbauten GmbH.. „Projektstudie über den Tagungs- und Kulturbereich. Verbund von Standorten in der Innenstadt." September 1983.
5 Böhme Rolf. „Den sozialen Frieden sichern." 30. November 1982. Rede zur Amtseinführung. „Modell Europa." 5. Juni 1984. Oberrheinischer Kulturpreis. „Ein Jahr 'Region'." 5. Juli 1985. Rede in der Freiburger Regio-Gesellschaft e.V.
6 Badische Zeitung. „Lothar Späth rät zu einer Tagungsstätte." 29. November 1983.
7 Freiburger Stadtbau GmbH. Gesellschaftsvertrag. 15. Dezember 1983.
8 Freiburger Stadtbau GmbH. Hochrechnung anhand indizierter Werte. 1995. Basis „Kultur- und Kongreßzentrum." Stadtplanungsamt. 1979. „Begründung zur Gemeinderatsvorlage G 357." 1987.
9 Freiburger Stadtbau GmbH. „Projektstudie Kultur- und Tagungsstätte in Freiburg." 1984. Entwurf Architekten Hans-Dieter Hecker, Manfred Saß.
10 Stadt Freiburg, Bürgermeisteramt, Freiburger Stadtbau GmbH. „Kultur- und Tagungsstätte. Grundsätzliche Behandlung der Projektstudie." 14. Februar 1984. Drucksache G 399.
11 Stadt Freiburg, Bürgermeisteramt, Freiburger Stadtbau GmbH. „Kultur- und Tagungsstätte in Freiburg." 30. September 1985. Drucksache G 104.
12 Wever Klaus, Versammlungsbauten, Kultur- Congreßbau Consult. „Marktchancen und Wirtschaftlichkeit einer Kultur- und Tagungsstätte in Freiburg i.Br.." 2. September 1985.
13 Friedrich Peter und Wonnemann H.G.. „Volkswirtschaftliche und Haushaltseffekte einer Kultur- und Tagungsstätte in Freiburg." 15. November 1985.
14 Siehe Textquelle 11.
15 Freiburger Wochenbericht. „DGB unterstützt die kommunale Wirtschaftsförderung." 1. März 1984.
16 Badische Zeitung. „Vorwiegend Zustimmung für Pläne der Stadt." 20. Juli 1984.
17 Cordi Winfried, Weichert Thilo, Meyer Walter. „Gründung einer Bürgerinitiative gegen das Kongreßzentrum." 26. Juli 1985. Flugblatt.
18 Stadtzeitung. „KTS - Das Kultur- und Tagungssyndrom. Bauchlandung." November 1985.
19 Angaben von Prokurist Paul Forschbach, Freiburger Gesellschaft für Stadterneuerung. Nach Unterlagen der Gesellschaft.
20 Universität Freiburg, Historisches Seminar. „Soziale Bewegungen in Freiburg." Wintersemester 1993/94. Grether-Gelände, Fabrik, Spechtpassage.
21 Arras Hartmut E.. „Sozio-kulturelle Scenarien für die Stadt Freiburg im Breisgau." Juni 1986.
22 Aktionseinheit Friedensliste, B I gegen das Kongreßzentrum, Die Grünen, Verein zur Förderung autonomer Lebensformen, BWK, DKP, Freundeskreis RDL, AAK u.a. „Freiburg 2000." Oktober 1986.
23 Weichert Thilo. „Kultur- und Kongreßzentrum in Freiburg

i.Br.. Traum und Wirklichkeit." 1. September 1981. Magisterarbeit an der Albert-Ludwigs-Universität Freiburg i.Br..
24 *Freiburger Stadtbau GmbH. „Kultur- und Tagungsstätte Freiburg. Zweistufiger Ideen- und Realisierungswettbewerb." Januar / Mai 1986. Ausschreibung.*
25 *Bauwelt. „Unverdauliches Hauptgericht." August 1986.*
26 *Freiburger Stadtbau GmbH. „Kultur- und Tagungsstätte Freiburg. Architektenwettbewerb. Lageplanänderung." 11. Juni 1986. Presseerklärung*
27 *Freiburger Stadtbau GmbH. „Kultur- und Tagungsstätte Freiburg. Zweistufiger Ideen- und Realisierungswettbewerb." November 1986. Dokumentationen 1. Wettbewerbsstufe.*
28 *Freiburger Stadtbau GmbH. „Kultur- und Tagungsstätte Freiburg. Begründung zur Gemeinderatsvorlage G 357." 1. Dezember 1987. Protokoll des Preisgerichts.*
29 *Life-Interview Professor Horst Linde, Baudirektor Josef Diel, Journalist Volker Bauermeister. „Preisgerichtssitzung zum Ideen- und Realisierungswettbewerb Kultur- und Tagungsstätte." 19. Dezember 1987.*
30 *Siehe Textquelle 28. Antrag.*
31 *Badische Zeitung. „Harte Vorwürfe an die Adresse von Böhme." 4. November 1986.*
32 *Badische Zeitung. „Keine Zustimmung für Bürgerentscheid." 2. Dezember 1987.*
33 *Badische Zeitung. „Bürgerinitiative erzwingt den Bürgerentscheid." 10. März 1988.*
34 *Stadt Freiburg, Bürgermeisteramt. „Pro und Contra Kultur- und Tagungsstätte in der Diskussion." Mai 1988. Badische Zeitung. „Stadt setzt auf Verniedlichung." 23. Dezember 1987.*
35 *Badische Zeitung. „Wirtschaftsschub für die Stadt oder nur Spekulationsanreiz?" 25. Januar 1988.*
36 *Badische Zeitung. „Schlagabtausch der Befürworter und Gegner." 20. Mai 1988.*
37 *Persönliche Aussagen von Professor Dr. Hillemanns, Professor Dr. Just, Professor Dr. Schöpf.*
38 *Badische Zeitung. „Die KTS scheint Angelpunkt zu sein." 3. März 1988.*
39 *Persönliche Äußerung von Frau Margarete Golder, Freiburger Stadtbau GmbH. Leiterin Organisation.*
40 *Badische Zeitung. „Impuls für den Arbeitsmarkt." 29. April 1988.*
41 *Sammelanzeige. „Gewerkschafter gegen KTS." 16./17. Juni 1988.*
42 *Stadt Freiburg, Amt für Statistik und Einwohnerwesen. „Bürgerentscheid, Ausgang der Abstimmung." Juni 1988.*
43 *Badische Zeitung. „Grüne machen im KTS-Ausschuß mit." 9. September 1988.*
44 *Bürgerinitiative gegen die KTS. „Pressemitteilung." April 1988.*
45 *Badische Zeitung. „Breite Bürgerinformation vor dem Bürgerentscheid. Bürgermeister von Ungern-Sternberg: Die Stadt handelt redlich und verantwortungsbewußt." 4./5. Juni 1988.*
46 *Stadt Freiburg, Bürgermeisteramt, Freiburger Stadtbau GmbH. „Kultur- und Tagungsstätte, Abschluß der Vorplanungsstufe II." 9. Juni 1989. Drucksache G 574.*
47 *Stadtnachrichten. „KTS-Bürgerversammlung ohne eindeutiges Votum für oder gegen erneuten Bürgerentscheid." 9. Februar 1991.*
48 *Badische Zeitung. „Ein Bürgerbegehren ist unzulässig." 19. Februar 1991.*
49 *Badische Zeitung. „Gemeinde gegen den zweiten Bürgerentscheid." 24. April 1991.*
50 *Badische Zeitung. „Regierungspräsidium: Die Ablehnung des KTS-Bürgerbegehrens war rechtens." 9. August 1991.*
51 *Badische Zeitung „Immobilienfonds trägt Kostenrisiko." 21. Dezember 1989.*
52 *Badische Zeitung. „Bauunternehmen geben eine 'Festpreisgarantie'." 19. Juni 1990.*
53 *Badische Zeitung. „Kosten und kein Ende." 29. Juni 1990.*
54 *Freiburger Stadtkurier. „Baureife Planung zu Ende bringen und dann endgültig entscheiden." 18. Juni 1990.*
55 *Stadt Freiburg, Bürgermeisteramt, Freiburger Stadtbau GmbH. „Kultur- und Tagungsstätte, Information zum Sachstand und weiteres Vorgehen." 20. Juni 1990.*
56 *Badische Zeitung. „Späth spendiert zehn Millionen." 18. Dezember 1990.*
57 *Stadt Freiburg, Bürgermeisteramt, Freiburger Stadtbau GmbH. „Kultur- und Tagungsstätte, Begründung zur Gemeinderatsvorlage G 168." 14. Dezember 1990. Drucksache G 168.*
58 *Badische Zeitung. „Gemeinderat beschließt Bau der Kultur- und Tagungsstätte." 20. Februar 1991.*
59 *Badische Zeitung. „'Turenne' an die Kartäuserstraße." 25. November 1987.*
60 *Badische Zeitung. „Hotel Turenne an der Basler Straße." 20. Juni 1989.*
61 *Badische Zeitung. „Die französische Armee verzichtet auf den Turenne-Ersatzbau." 30. April/1. Mai 1990.*
62 *Badische Zeitung. „Die letzten Tage eines Hauses, das nie eine Nobelherberge war." 6. Februar 1992.*
63 *Flow Tex-Service, Ettlingen. „Bericht zur Georadar-Untersuchung des KTS-Geländes." 6./7. Dezember 1991.*
64 *Stadt Freiburg, Bürgermeisteramt, Freiburger Stadtbau GmbH. „Sanierungsgebiet Sedanstraße." 14. Januar 1991. Drucksache G 104.*
65 *Stadt Freiburg, Bürgermeisteramt, Freiburger Stadtbau GmbH. „Konzerthaus Freiburg als Arbeits- und Produktionsstätte des SWF-Sinfonieorchesters." 20. Juni 1994. Drucksache G 94140.*
66 *Stadt Freiburg, Bürgermeisteramt, Freiburger Stadtbau GmbH. „Konzerthaus Freiburg. Bericht über den Planungs- und Kostenstand." 2. Februar 1994. Drucksache G 94028.*

Bildquellen

Festhalle

Abb. 1 Badischer Architekten- und Ingenieurverein. „Freiburg im Breisgau. Die Stadt und ihre Bauten." 1898. Kunst und Festhalle. (Seitenansicht).

Abb. 2 Stadt Freiburg. „Alt Freiburg, Bilder einer Stadt." 1989. Panoramabild der Stadt Freiburg von Joseph Wilhelm Lerch im Stadtarchiv der Stadt Freiburg.

Abb. 3 Eisenlohr. „Sammlung von Hochbauten." 1853. Bahnhof bei Freiburg, Bahnsteighalle.

Abb. 4 Münsterbauverein e.V. „Münsterblatt, Jahresschrift." 1994. Gesamtansicht der Renaissancevorhalle an der Südquerhausfassade des Freiburger Münsters.

Abb. 5 Städtische Sammlungen Freiburg. Kunst- und Festhalle, Inventarnummer D 32, 59 i.

Abb. 6 Stadtarchiv Freiburg. Innenraum der Festhalle. 1910. M 7040. Foto Rüdiger Buhl.

Abb. 7 Stadtarchiv Freiburg. Oberrheinische Illustrierte Ausstellungszeitung. 14. Sept. 1887. Annonce.

Abb. 8 Albert Konzerte, ehemals Troemer-Harms-Konzerte. Programmheft 1939.

Das Stadttheater

Abb. 9 Stadt Freiburg, Hochbauamt. „Der Neubau des Stadttheaters 1900 – 1902." Freiburg 1990. Ansicht von Norden.

Abb. 10 Stadtarchiv Freiburg. Martinstor vom Bertoldsbrunnen gesehen. Anfang 20. Jahrhundert. M 737 - 1846.

Abb. 11 Stadtarchiv Freiburg. Foto M 737 / 2911. Bau eines Gaskessels.

Abb. 12 Stadtarchiv Freiburg. Schwabentor von Oberlinden gesehen. Anfang 20. Jahrhundert. M 737 - 1907.

Abb. 13 Löhl. „Freiburg im Frühling 1980. Geschrieben im Jahre 1890." Verlag Rombach. Veränderter Nachdruck der Ausgabe von 1890. Einleitung, Nachwort und Bildmontagen von Josef Diel, Wolfgang Klug und Rolf Süß. Freiburg 1979. Schiffahrtskanal von Breisach.

Abb. 14 Siehe Bildquelle Abb. 13 Drei Türme des Freiburger Münsters.

Abb. 15 Siehe Bildquelle Abb. 9. Lageplan und Nivellement des Theaterbauplatzes.

Abb. 16 Siehe Bildquelle Abb. 9. Wettbewerbsentwurf Heinrich Seeling.

Abb. 17 Siehe Bildquelle Abb. 9. Wettbewerbsentwurf überarbeitet von Friedrich Ratzel.

Abb. 18 Siehe Bildquelle Abb. 9. Planvorlage der ausgeführten Lösung.

Abb.19 Thoma Rudolf und Schlang Wilhelm. „Das neue Stadttheater zu Freiburg im Breisgau. Festschrift zur Eröffnung..." Freiburg 1910. Eiserner Dachstuhl während der Montage.

Abb. 20 Siehe Bildquelle Abb. 19. Bühnenboden.

Abb. 21 Haus der Geschichte Baden-Württemberg, Sammlung Metz, Bild-Nr. 13173. Die Unterstadt 1904.

Abb. 22 Siehe Bildquelle Abb. 21. Bild-Nr. 37981. Die Unterstadt 1909

Abb. 23 Siehe Bildquelle Abb. 21. Bild-Nr. 48055. Stadttheater 1911.

Abb. 24 Stadtarchiv Freiburg. Das eröffnete Stadttheater etwa 1910. M 737 - 1861.

Abb. 25 Stadtarchiv Freiburg. Stadttheater zerstört. 1945. M 72/ C 419.

Abb. 26 Stadt Freiburg, Intendanz der Städtischen Bühnen. „Festschrift. Anläßlich der Eröffnung des wiederaufgebauten Hauses der Städtischen Bühnen." Freiburg 1949. Schaubild Wiederaufbau.

Abb. 27 Stadt Freiburg, Stadtplanungsamt. Stadttheater derzeitiger Bauzustand. Foto Gawlista-Eidam. 84.08.3.6.

Abb. 28 Stadt Freiburg, Stadtplanungsamt. „Kultur- und Kongreßzentrum Freiburg, Anlagen." März 1979. Testentwurf Architekt Dipl. Ing. Hans Helbling.

Abb. 29 Morlock Manfred. Investorenwettbewerb für die Neubauten am Stadttheater. Preisgekrönter Wettbewerbsentwurf. 1995. Ansicht von Norden.

Abb. 30 Siehe Bildquelle Abb. 29. Ansicht von Osten.

Projekt für politische Massenveranstaltungen und Konzerte

Abb. 31 Stadt Freiburg, Stadtplanungsamt. Architekt Fohr Friedrich. „Die Alt-Stadt und die umliegenden Stadt-Gebiete des XIX. Jahrhunderts. Ausarbeitung aufgrund der Katasterpläne der Gemarkung Freiburg mit Berücksichtigung zukünftiger großer Bau-Planungen." 1938. Plansammlung.

Abb. 32 Fotoarchiv Goldschagg Edith. Festdekoration in der alten Festhalle. Während des zweiten Weltkrieges.

Abb. 33 Gruber Karl. „Die Gestalt der deutschen Stadt." 1937.

Abb. 34 Gruber Karl, Siedlungsgesellschaft Freiburg i. Br. GmbH. Denkschrift der Siedlungsgesellschaft Freiburg anläßlich des 10jährigen Bestehens. 1919 - 1929. „Wohnbebauung und Straßenraumgestaltung Tennenbacher Platz und Konradin-Kreutzer-Straße." 1927.

Abb. 35 siehe Bildquelle Abb. 34. „Entwurf zur Bebauung der Konradin-Kreutzer-Str." 1922.

Abb. 36 Stadt Freiburg, Hochbauamt, Gruber Karl. „Kurhaus, Festhalle, Thermalbad, Bebauungsvorschlag." 1924. Stadtarchiv Freiburg C 4 / II / 16 / 4.

Abb. 37 Stadtgemeinde Freiburg im Breisgau. 5000 Markschein vom 7. Februar 1923 mit Bildseite auf einer Stadtansicht von „Alt Freiburg" von Karl Gruber.

Abb. 38 Stadt Freiburg, Hochbauamt. „Festhallenneubau zwischen Karlsplatz und Schloßbergstraße." 12. Mai 1939. Anhang an Bericht des Städtischen Hochbauamts. Stadtarchiv Freiburg C 4 / II / 6 / 8. Vorschlag Karlsplatz.

Abb. 39 Arbeitsbeschaffungsamt. Vorschlag zu einer Ehrenhalle mit Festplatz westlich der Fehrenbachallee. Juni 1936. Stadtarchiv Freiburg. M 7040.

Abb. 40 Stadt Freiburg, Hochbauamt, Schlippe / Phleps. Landwirtschaftliches Ausstellungsgebäude Stühlinger, Bebauungsplanvorschlag westlich der Fehrenbachallee. 1937. Stadtarchiv Freiburg C 4 / II / 6 / 8.

Abb. 41 Schlippe Joseph. Wettbewerbsbeitrag für das 'Neue Straßburg', Stadtbild in Perspektive. 1942. Sammlung Vedral.

Abb. 42 Siehe Bildquelle Abb. 41. Die neue 'Gauhalle'.

Abb. 43 Troost Gerdy. Das Bauen im Neuen Reich, 1938. Märzfeld. Modell nach einem Entwurf von Albert Speer.

Die Stadthalle

Abb. 44 Stadtverwaltung Freiburg. Stadthalle. 1954. Modellfoto der Stadthalle, Böhm, Lehr, Pragher.

Abb. 45 Stadtarchiv Freiburg. Innenstadt nach dem Bombenangriff. 27. November 1944. Foto M 72, B 271.

Abb. 46 Siehe Bildquelle Abb. 34 Vogelschaubild der Siedlung Haslach. 1919.

Abb. 47 Stadt Freiburg, Bauamt, Gruber Karl. Neubauprojekt der Klinischen Krankenhäuser. 1914. Stadtarchiv Freiburg, M 72 C 309.

Abb. 48 Stadt Freiburg, Bauamt, Gruber Karl. Planung einer Festhalle und einer Ausstellungshalle zwischen Schwarzwaldstraße und Schützenallee. 1925. Stadtarchiv Freiburg C 4 / II / 16 / 1a.

Abb. 49 Stadt Freiburg, Bauamt, Schlippe Joseph. Studie zu einer Festhalle und einer Ausstellungshalle zwischen Schwarzwaldstraße und Schützenallee. 1939. Stadtarchiv Freiburg C 4 / II / 6 / 8. Der Plan ist 1939 gezeichnet und stellt Schlippes Vorstellung dar, wie sie den „in etwa 1924 erwogenen Gedanken entspricht." Die Festhalle mit Kuppel sollte in Form der Halle von Architekt Bonatz in Hannover ausgeführt werden.

Abb. 50 Stadt Freiburg, Bauamt, Schlippe Joseph. Schwarzwaldhalle. 24. April 1928. Stadtarchiv Freiburg M 7040.

Abb. 51 Stadt Freiburg, Bauamt, Schlippe Joseph. Zelthalle auf dem Meßplatz. 1928. Stadtarchiv Freiburg C 4 / II / 16 / 4.

Abb. 52 Freiburger Zeitung. „Der künftige Freiburger Meßplatz." 17. April 1929. Stadtarchiv Freiburg C 4 / II / 16 / 4.

Abb. 53 Stadtarchiv Freiburg. Blick vom Martinstor nach Norden. Kaiserstraße kriegszerstört. Foto M 726 / 29626. Neue Reihe des Stadtarchivs, Heft 8, Bernhard Vedral.

Abb. 54 Stadtarchiv Freiburg. Neubau Fabel 1949. Wiederaufbau. Foto M 736 / 29634 aus Neue Reihe des Stadtarchivs, Heft 8, Bernhard Vedral.

Abb. 55 Foto Archiv Greschbach. Neubau Oberpaur 1952.

Abb. 56 Stadt Freiburg, Stadtbauamt. Entwurfsalternativen zur Stadthalle. 1953. Stadt Freiburg, Hochbauamt, Akte 761, Stadthalle.

Abb. 57 Siehe Bildquelle Abb. 56.

Abb. 58 Siehe Bildquelle Abb. 56.

Abb. 59 Siehe Bildquelle Abb. 56.

Abb. 60 Lehr Albert Maria. „Wagst Du's oder wagst Du's nicht?" Freiburger Almanach 1955.

Abb. 61 Badische Zeitung. „Die beiden letzten Vorschläge." 9./10. Januar 1954. Entwurf Albert Maria Lehr, Dipl. Ing.

Abb. 62 Siehe Bildquelle Abb. 61. Josef Lips, Zimmermeister.

Abb. 63 Siehe Bildquelle Abb. 44. Richtfest.

Abb. 64 Stadtarchiv Freiburg. Stadthalle im Rohbau. 1954. M 7040. Foto Brenneisen.

Der Karlsbau

Abb. 65 Stadt Freiburg, Stadtplanungsamt. „Kultur- u. Kongreßzentrum Freiburg, Anlagen." März 1979. Schnitt durch den Karlsbau, Baubestand.

Abb. 66 Badische Zeitung. „Erster Spatenstich auf Freiburgs größter Baustelle." 6. Juli 1967. Karlsbaumodell.

Abb. 67 Siehe Bildquelle Abb. 65. Sicht- und Wegebeziehung. Architekt Hans-Dieter Hecker.

Abb. 68 Hecker Hans-Dieter, „Untersuchung Standort Karlsplatz." 1979. Umbauvorschlag. Modellfoto.

Abb. 69 Siehe Bildquelle Abb. 68. Umbauvorschlag, Schnitt.

Das projektierte Kultur- und Kongreßzentrum über der Bahn

Abb. 70 Stadt Freiburg, Stadtplanungsamt. „Kultur- und Kongreßhaus, Freiburg." 1979. Testentwurf Nordostansicht. Architekt Manfred Saß.

Abb. 71 Stadt Freiburg, Tiefbauamt. „Fußgängerzone Innenstadt." 1977. 2. Auflage 1980. Foto II J 1.5.1 / 56 Kaiser-Joseph-Straße vor dem Ausbau.

Abb. 72 Siehe Bildquelle Abb. 71. Foto II J 1.7.5 / 19 a Kaiser-Joseph-Straße umgebaut.

Abb. 73 Freiburger Kommunalbauten GmbH. „Schloßberg-Parkhaus." 1979. Vorgängerprojekt zur Schloßberggarage mit Wohnüberbauung. Deutsche Bauentwicklung, Stuttgart.

Abb. 74 Zens, Herrmann, Bürgermeister „Freiburg zwischen Gestern und Morgen." Freiburger Almanach. 1972. Bahnhofsüberbauung.

Abb. 75 Allgemeine Leasing GmbH. Hamburg. Bahnüberbauung. 1971. Modell des Investorenprojekts, mit der Stadtverwaltung nicht abgestimmt. Badische Zeitung 24. Februar 1971.

Abb. 76 Stadt Freiburg, Stadtplanungsamt „Bahnüberbauung" 1979. Modellfoto von Nord-West, Gawlista-Eidam, Foto 79.38.4.4 Entwurf Architekt Manfred Saß.

Abb. 77 Stadt Freiburg, Stadtplanungsamt. „Kultur- und Kongreßzentrum Freiburg."1979. Standortalternativen Karlsplatz, Bahnhof, Theater.

Abb. 78 Siehe Bildquelle Abb. 76. Foto Gawlista-Eidam 79.38.4.2. Schaubild zum Entwurf. Architekt Manfred Saß.

Abb. 79 Siehe Bildquelle Abb. 76. Modellfoto von Norden. Foto Gawlista-Eidam 79.09.3.5 Entwurf Architekt Manfred Saß.

Abb. 80 Siehe Bildquelle Abb. 70. Fotomontage Blick von Nordosten. Foto Gawlista-Eidam 80.08.3.5.

Abb. 81 Siehe Bildquelle Abb. 70. Modellfoto von Westen. Foto Gawlista-Eidam 80.25.3.2.

Abb. 82 Siehe Bildquelle Abb. 70. Modellfoto von Westen. Foto Gawlista-Eidam 80.08.2.2.

Abb. 83 Stadt Freiburg, Stadtplanungsamt. Der Stadtteil Stühlinger vom Bahnhof gesehen. Ca. 1978. Foto Gawlista-Eidam, Fotosammlung.

Abb. 84 Stadt Freiburg, Tiefbauamt. Bau der Stadtbahnbrücke. 1980. Foto II St 3.1.1 / 29 a.

Das Konzerthaus

Abb. 85 Stadt Freiburg, Freiburger Stadtbau, Freiburger Gesellschaft für Kultur, Tagungen und Ausstellungen. „Ein Haus für alle" Informationsblatt 1988. Blick von der Stadtbahnbrücke auf Konzerthaus und Dorint-Hotel.

Abb. 86 Foto Rita Weber Eggstein. Grafitti in der Freiburger Innenstadt Anfang der 80er Jahre.

Abb. 87 Siehe Bildquelle Abb. 86.

Abb. 88 Bunte Liste. Flugblatt um 1980.

Abb. 89 Freiburger Kommunalbauten GmbH. „Projektstudie über den Tagungs- und Kulturbereich." 1983.

Abb. 90 Staatsarchiv Freiburg, W 134 Sammlung Willy Pragher, Bild-Nr. 85223.

Abb. 91 Universität Freiburg, Historisches Seminar. „Soziale Bewegungen in Freiburg." WS 1993/94. Mobilisierungszahlen der Friedensbewegung.

Abb. 92 Sattler Otto. „Sanierung contra Wohnen." 1980. Demonstranten und Polizisten in der Kaiser-Joseph-Straße. Foto Rita Weber-Eggstein.

Abb. 93 Stadt Freiburg, Baudezernat. „Westentwicklung." Ministerpräsident Lothar Späth und Oberbürgermeister Rolf Böhme, Landesgartenschau. Foto Gawlista-Eidam.

Abb. 94 Siehe Bildquelle Abb. 76. Lageplan.

Abb. 95 Freiburger Stadtbau GmbH. „Projektstudie Kultur- und Tagungsstätte." 1984. Lageplan Stadtplanungsamt.

Abb. 96 Siehe Bildquelle Abb. 70. Ansicht Bahnüberbauung von Südosten.

Abb. 97 Stadtverwaltung Freiburg, Gartenamt. 1980 ? Luftbild Innenstadt.

Abb. 98 Stadt Freiburg, Stadtarchiv. Plan des villes et chateaux de Fribourg. Anfang 18. Jahrhundert. M 7095, Plan 193. Den Vaubanschen Westbastionen ist eine Innundationsrinne vorgelagert.

Abb. 99 Siehe Bildquelle Abb. 95. Vorprojekt. Entwurf Architekten Hans-Dieter Hecker und Manfred Saß. 1984. Modellfoto.

Abb. 100 Freiburger Stadtbau GmbH, Freiburger Kommunalbauten. Kultur- und Tagungsstätte Freiburg. „Ausschreibung zweistufiger Ideen- und Realisierungswettbewerb." 1986. Funktionsschema.

Abb. 101 Badische Zeitung vom 3./4. Januar 1987. Karikatur Menzel.

Abb. 102 Förderverein Konzerthaus. Briefkopf 1984.

Abb. 103 Freiburger Marktfrauen. Marzipantorte 6. August 1984. Geburtstagsgeschenk an den Oberbürgermeister. Fotoarchiv der Freiburger Stadtbau GmbH.

Abb. 104 Bürgerinitiative gegen das Kongreßzentrum 1986. Später mit Zusatz: KTS. Briefkopf.

Abb. 105 Leben und arbeiten in der Grether'schen Fabrik im Grün e.V.. Januar 1982. Broschüre der Mieter.

Abb. 106 Stadt Freiburg, Stadtplanungsamt. Altstadt in Inversionswetterlage. Foto Gawlista-Eidam.

Abb. 107 Beuys Joseph. „Omnibus für direkte Demokratie in Deutschland“ vorgestellt auf der „documenta 8.“ Kassel 1987. Im Rahmen der „free international University.“

Abb. 108 Badische Zeitung vom 26. Mai 1986. Karikatur K. Karlitzky.

Abb. 109 Stadt Freiburg, Freiburger Gesellschaft für Stadterneuerung, Stadtplanungsamt, Tiefbauamt „Am Bahnhof tut sich was.“ 1990. Tiefgaragenkonzeption unter Konzerthaus, Dorint, Busbahnhof.

Abb. 110 Freiburger Stadtbau GmbH., Preisgerichtssitzung. 1986. Foto Rüdiger Buhl.

Abb. 111 Freiburger Stadtbau, Freiburger Kommunalbauten. „Kultur- und Tagungsstätte Freiburg. Dokumentation 1. Wettbewerbsstufe.“ 1986. Architektengruppe F 70, Manfred Saß und Partner, Freiburg. Modellfoto.

Abb. 112 Siehe Bildquelle Abb. 111. Professor Kraemer, Sieverts & Partner, Köln. Modellfoto.

Abb. 113 Siehe Bildquelle Abb. 111. Architekten Dietrich Bangert, Bernd Jansen, Stefan Scholz, Axel Schultes, Berlin. Modellfoto.

Abb. 114 Siehe Bildquelle Abb. 109. Titelseite.

Abb. 115 Stadt Freiburg, Freiburger Stadtbau, „Gemeinderatsvorlage G 104.“ 1985. Bestimmung des Nutzungsprofils der Kultur- und Tagungsstätte.

Abb. 116 Freiburger Stadtbau, Freiburger Kommunalbauten. „Kultur- und Tagungsstätte Freiburg, 2. Wettbewerbsstufe.“ 1987. Foto Rüdiger Buhl. Entwurf Architekten Dietrich Bangert, Bernd Jansen, Stefan Scholz, Axel Schultes, Berlin. Lageplan.

Abb. 117 Freiburger Stadtbau, Freiburger Kommunalbauten. „Kultur- und Tagungsstätte Freiburg, Begründung zur Gemeinderatsvorlage G 357.“ 1987. Foto Rüdiger Buhl. Entwurf Bangert von Nordwesten. Modellfoto.

Abb. 118 Siehe Bildquelle Abb. 117. Entwurf Bangert von Nordwesten. Stadtbahn im Vordergrund. Modellfoto.

Abb. 119 Freiburger Stadtbau. Entwurf Bangert. Innenraum. 1988. Foto Rüdiger Buhl.

Abb. 120 Freiburger Stadtbau. Preisgerichtssitzung. Prof. Linde, Oberbürgermeister Dr. Böhme, Baubürgermeister Dr. v. Ungern Sternberg, Oberbaudir. Daseking, Geschäftsführer Diel. 1986. Foto Rüdiger Buhl.

Abb. 121 Stadt Freiburg, Stadtplanungsamt. Bauentwicklung an der Bismarckallee mit dem Konzerthaus und dem Bundesbahnprojekt von 1991; Entwurf Harter und Kanzler, Freie Architekten. 1994. Foto Gawlista-Eidam.

Abb. 122 Aktionseinheit. Friedensliste, BJ, Die Grünen, Verein zur Förderung autonomer Lebensformen, BWK, DKP, Freundeskreis RDL, AAK u.a. „Freiburg 2000, Texte zur Großveranstaltung.“ 1986. Titelseite.

Abb. 123 Siehe Bildquelle Abb. 85. Bürgerinformation zum Ablauf des Bürgerentscheids.

Abb. 124 Initiative Bürger für das Konzerzthaus, „KTS, ja.“ Inserat in der Badischen Zeitung vom 16./17. Juni 1986.

Abb. 125 Freiburger Stadtbau. Eingabe des Bürgerbegehrens. 1988. Foto Rüdiger Buhl.

Abb. 126 Bürgerinitiative gegen das Kongreß-Zentrum. „Informationsveranstaltung zum Bürgerantrag gegen die KTS.“ 1986. Flugblatt.

Abb. 127 Verkehrsverein der Schwarzwaldhauptstadt Freiburg. „Wie wollen wir es nennen?“ 1991. Preisausschreiben für die Namensgebung.

Abb. 128 Bürgerinitiative gegen das Kongreßzentrum. „Freiburger Monopoly.“ 1987. Informatinsbroschüre zur Vorbereitung der Unterschriftsammlung für ein Bürgerbegehren.

Abb. 129 Siehe Bildquelle Abb. 85. Blick in den großen Saal.

Abb. 130 Stadt Freiburg, Amt für Statistik und Einwohnerwesen. „Das Ergebnis des Bürgerentscheids.“ Juni 1988. Amtlicher Stimmzettel.

Abb. 131 Siehe Bildquelle Abb. 130. Dominanz der Ja- bzw. Nein-Stimmen nach Stadtbezirken.

Abb. 132 Freiburger Stadtbau. Bildarchiv. Grobkorrektur des Entwurfs Bangert auf die von der Wettbewerbsausschreibung verlangten Soll-Flächen. 1988. Grundriß und Schnitt.

Abb. 133 Freiburger Stadtbau, Freiburger Kommunalbauten. „Kultur- und Tagungsstätte Freiburg. Genehmigungsplanung.“ 1990. Methode der Kostenentwicklung nach Drees & Sommer. Ingenieurgesellschaft für Projektmanagement.

Abb. 134 Freiburger Stadtbau, Freiburger Kommunalbauten. „Kultur- und Tagungsstätte Freiburg. Vorplanung.“ 1988. Vergleich der Funktionsbereiche zwischen Wettbewerbsentwurf und den Vorplanungsstufen I und II. Drees & Sommer.

Abb. 135 Siehe Bildquelle Abb. 134. Großer Saal, verspiegeltes Halbmodell M. 1:50. Müller BBM GmbH., Schalltechnisches Beratungsbüro.

Abb. 136 Siehe Bildquelle Abb. 134. Strahlengeometrische Untersuchung der Decke des großen Saals mit Hilfe des Lasers. Müller BBM.

Abb. 137 Siehe Bildquelle Abb. 134. Emporen Klapptribünen in den Seitenemporen. Querschnitt. Professor Klaus Weber, Versammlungsbauplanung. Weiterentwicklung: Helmut Tetzlaff, Ingenieurbüro für Bühnentechnik.

Abb. 138 Siehe Bildquelle Abb. 134. Umrüstbares Tribünenstufenparkett. Längsschnitt. Wever, Versammlungsbau. Weiterentwicklung Tetzlaff, Bühnentechnik.

Abb. 139 Freiburger Stadtbau, Freiburger Kommunalbauten „Kultur- und Tagungsstätte Freiburg, Bericht über die Entwurfs- und Genehmigungsplanung zur G 168." 1990. Großer Saal, Grundriß, Plan Architekt Bangert, Musiknutzung.

Abb. 140 Siehe Bildquelle Abb. 139. Großer Saal, Grundriß, Plan Architekt Bangert, Festbankette.

Abb. 141 Quelle siehe Abb. 139. Großer Saal. Grundriß. Tagungsnutzung. Plan Architekt Bangert.

Abb. 142 Siehe Bildquelle Abb. 139. Großer Saal, Längsschnitt, Plan Architekt Bangert, Musiknutzung.

Abb. 143 Siehe Bildquelle Abb. 139. Großer Saal, Längsschnitt, Plan Architekt Bangert, Festbankette.

Abb. 144 Siehe Bildquelle Abb. 139. Großer Saal. Längsschnitt. Plan Architekt Bangert. Tagungsnutzung.

Abb. 145 Freiburger Stadtbau, Bildarchiv. Ingenieur Kissling, Freiburger Stadtbau bei Fotoarbeiten am Innenraummodell.

Abb. 146 Siehe Bildquelle Abb. 139. Kostenhochrechnung zum Fertigstellungszeitpunkt 1996. Drees & Sommer.

Abb. 147 Badische Zeitung. „Wir müssen unsere Chance packen." 16. Januar 1991. Oberbürgermeister Rolf Böhme in einem Interview mit Wulf Rüskamp.

Abb. 148 Siehe Bildquelle Abb. 147.

Abb. 149 Freiburger Stadtbau. Die Vertreter der lokalen französischen Militärbehörden übergeben das Cercle Turenne an das Liegenschaftsamt der Stadt und die Freiburger Stadtbau. 1992. Foto Rüdiger Buhl.

Abb. 150 Freiburger Stadtbau. Abbruchbeginn des Cercle Turenne. 1992. Foto Rüdiger Buhl.

Abb. 151 Freiburger Stadtbau. Rohbau Bahnhofsgarage. 1992. Foto Rüdiger Buhl.

Abb. 152 Die Hubbodentechnik unter dem großen Saal. 1996. Foto Rüdiger Buhl.

Abb. 153 Freiburger Stadtbau. Geschäftsführer Petry, Projektleiter Schwenninger, Architekt Kissling. 1995. Foto Rüdiger Buhl.

Abb. 154 Freiburger Stadtbau. Die Baustelle bei der Grundsteinlegung. 1992. Foto Rüdiger Buhl.

Abb. 155 Freiburger Stadtbau. Grundsteinlegung mit Oberbürgermeister Dr. Böhme, Aufsichtsräten Bergamelli, Kalchthaler, Leimgruber, Thomann und Geschäftsführer Oehm. 2. Oktober 1992. Foto Marlies Decker.

Abb. 156 Freiburger Stadtbau, Bildarchiv. 1994. Oberbürgermeister Dr. Böhme, Intendant des Südwestfunks Voss, Geschäftsführer Diel auf der Baustelle am Modell des Konzerthauses.

Abb. 157 Siehe Bildquelle Abb. 139. Müller BBM, Vergleich der Grundrisse verschiedener Konzertsäle in gleichem Maßstab.

Abb. 158 Freiburger Stadtbau. Erdaushub. 1992. Foto Rüdiger Buhl.

Abb. 159 Freiburger Stadtbau. Rohbau. 1993. Foto Rüdiger Buhl.

Abb. 160 Freiburger Stadtbau. Rohbau fertiggestellt. 1995. Foto Rüdiger Buhl.

Abb. 161 Freiburger Stadtbau. Richtfest. 28. April 1994. Foto Rüdiger Buhl.

Abb. 162 Freiburger Stadtbau. Betonieren des Vordachs. 1995. Foto Rüdiger Buhl.

Abb. 163 Freiburger Stadtbau. Baustellenführung. 1994. Foto Rüdiger Buhl.

Abb. 164 Freiburger Stadtbau. Großer Saal, Wandaufbau. 1993. Foto Rüdiger Buhl.

Abb. 165 Freiburger Stadtbau. Großer Saal vor der Eindeckung. 1993. Foto Rüdiger Buhl.

Abb. 166 Freiburger Stadtbau. Decke des kleinen Konzertsaals. 1993. Foto Rüdiger Buhl.

Abb. 167 Freiburger Stadtbau. Konzerthauseröffnung. 28. Juni 1996. Foto Rüdiger Buhl.

Abb. 168 Freiburger Stadtbau. Tag der offenen Tür im Konzerthaus. 7. Juli 1996. Foto Rüdiger Buhl.

Abb. 169 u. 170 Freiburger Stadtbau. Foyer bei der Eröffnung. 1996. Foto Rüdiger Buhl.

Abb. 171 Freiburger Stadtbau. Konzerthaus. Juli 1996. Foto Rüdiger Buhl.

Abb. 172 Stadt Freiburg, Stadtplanungsamt. Modell zum Investorenwettbewerb Bundesbahn Entwurf Harter und Kanzler, Freie Architekten. 1991. Foto Gawlista-Eidam.

Abb. 173 Morlock Manfred. Zusammenzeichnung des Wettbewerbsentwurfs der Neubauten am Stadttheater mit dem Konzerthaus, Fassaden zur Bertoldstraße. 1995.

Abb. 174 Freiburger Stadtbau. Konzerthaus Panorama. Juni 1996. Foto Rüdiger Buhl.

Abb. 175 Luftaufnahme Konzerthaus. August 1996. Foto Rüdiger Buhl.